Geschichte

Wein

Weinerzeugung

Wein- und Sekteinkauf

Wein genießen

Weinanbaugebiete

Anhang

001wg Abb.: sm

Reise Know-How im Internet

Aktuelle Reisetipps und Neuigkeiten
Ergänzungen nach Redaktionsschluss
Büchershop und Sonderangebote
Weiterführende Links zu über 100 Ländern

www.reise-know-how.de
info@reise-know-how.de

Wir freuen uns über Anregung und Kritik.

REISE KNOW-HOW

Barbara und Hans Otzen

Wein-Reiseführer Deutschland

Der Wein erfreut des Menschen Herz.

Goethe, „Götz von Berlichingen“
(In Anlehnung an Psalm 104, 15)

002wg Abb.: mm

Impressum

Barbara und Hans Otzen
Wein-Reiseführer Deutschland
erschienen im
Reise Know-How Verlag Peter Rump GmbH
Osnabrücker Straße 79, 33649 Bielefeld

Herausgeber: Klaus Werner

1. Auflage 2002

Wir freuen uns über Kritik, Kommentare und Verbesserungsvorschläge. Alle Informationen in diesem Buch sind von den Autoren mit größter Sorgfalt gesammelt und vom Lektorat des Verlages gewissenhaft bearbeitet und überprüft worden.

Da inhaltliche und sachliche Fehler nicht ausgeschlossen werden können, erklärt der Verlag, dass alle Angaben im Sinne der Produkthaftung ohne Garantie erfolgen und dass Verlag wie Autoren keinerlei Verantwortung und Haftung für inhaltliche und sachliche Fehler übernehmen.

Die Nennung von Firmen und ihren Produkten und ihre Reihenfolge sind als Beispiel ohne Wertung gegenüber anderen anzusehen.

Gestaltung
Umschlag: G. Pawlak, P. Rump (Layout), K. Werner (Realisierung)
Inhalt: G. Pawlak (Layout), A. Schwarz (Realisierung)
Fotos und Zeichnungen: siehe Bildnachweis Seite 191

Druck und Bindung
Fuldaer Verlagsagentur

ISBN 3-8317-1073-2
Printed in Germany

Dieses Buch ist erhältlich in jeder Buchhandlung der BRD, Schweiz und Niederlande, Österreichs und Belgiens. Bitte informieren Sie Ihren Buchhändler über folgende Bezugsadressen:

BRD
Prolit GmbH, Postfach 9, 35461 Fernwald (Annerod)
sowie alle Barsortimente
Schweiz
AVA-buch 2000, Postfach 27, CH-8910 Affoltern
Österreich
Mohr Morawa Buchvertrieb GmbH
Sulzengasse 2, A-1230 Wien
Niederlande, Belgien
Willems Adventure
Postbus 403, NL-3140 AK Maassluis

Wer im Buchhandel trotzdem kein Glück hat, bekommt unsere Bücher direkt bei: **Rump Direktversand,** Heidekampstraße 18, D-49809 Lingen (Ems) oder über unseren **Büchershop im Internet:**
www.reise-know-how.de

Barbara und Hans Otzen

Wein-Reiseführer Deutschland

Inhalt

80 Die deutschen Weinanbaugebiete

174 Anhang

Exkurse zwischendurch

Vorwort

Was ist so besonders am deutschen Wein – was unterscheidet ihn von den anderen Weinen der Welt? Zweifelsohne zeichnet ihn sein besonderer Charakter gegenüber französischen, italienischen oder amerikanischen oder auch australischen Weinen aus, was auf eine Vielzahl von Faktoren zurückzuführen ist.

Deutschland ist von der Anbaufläche her kein „großes" Weinland, aber in dreizehn Anbaugebieten zwischen Rhein und Elbe, in 150 Groß- und 2500 Einzellagen wachsen so verschiedene Weine, wie sie in dieser Vielfalt kein anderes Anbauland vorweisen kann. Da spielt zunächst einmal die Unterschiedlichkeit der Böden eine große Rolle. Genauso entscheidend ist das Klima. Deutschland liegt zwar nördlicher als andere Weinbauländer, aber der Golfstrom bringt die Milde der Witterung, die den Wein vortrefflich gedeihen lässt – denn hier sind in der Hauptwachstumsperiode die Tage länger hell. Und dann hängt es vom Geschick des Winzers ab, seinen Weinberg richtig zu pflegen, und vom Kellermeister, den Wein richtig auszubauen.

Eine Reise durch die Weinbaugebiete Deutschlands ist gleichzeitig eine Reise durch die schönsten Gebiete unseres Landes. Dort, wo der Wein wächst, ist das Klima am besten, haben sich die Menschen schon vor Jahrtausenden angesiedelt. Weinbau in Deutschland wird überwiegend in Flusstälern oder ihrem unmittelbaren Umfeld betrieben.

Als die Römer Germanien eroberten, brachten sie auch den Wein an den Rhein, die Mosel und die anderen Flüsse. Schon damals legten sie Terrassen in den Schieferhängen der Flüsse an, damit der Wein die Sonne besser auffangen und den Boden besser erschließen konnte. Die fränkischen Nachsiedler übernahmen die Landwirtschaft der Römer und erweckten ihre Städte wie Köln, Bonn, Koblenz, Mainz oder Trier zu neuem Leben. So zählen die deutschen Weinbaugebiete auch zu den kulturgeschichtlich interessantesten deutschen Regionen. Bis heute haben sich diese Weinbaugebiete ihre touristischen Reize bewahrt. Hier stehen alte Burgen und Schlösser, Kirchen und Klöster. Charmante Orte und schöne Landschaften laden zur Rast bei einem Glas Wein ein ...

Doch was nützt der beste Wein, wenn ihn der Verbraucher nicht richtig einkauft, falsch lagert oder nicht zur passenden Gelegenheit anbietet?

Dieser Weinreiseführer soll dem Weinliebhaber Hinweise geben, wo er seinen Wein beziehen kann, wie er mit ihm umgehen muss und zu welcher Gelegenheit der richtige Wein passt. Wein ist ein Teil unserer Kultur – ein Genuss zu gutem Essen wie auch in geselliger Runde. Autoren und Verlag wünschen viel Freude bei der Lektüre – und ein Prosit auf ein gutes Glas deutschen Weins!

Barbara und Hans Otzen

Hinweise zur Benutzung

Die **Auswahl der Winzer** für die Bezugsquellenhinweise in den einzelnen Weinbaugebieten kann aufgrund des breiten Angebotes nur beispielhaft sein. Es wurde dabei angestrebt, sowohl auf Spitzenwinzer hinzuweisen als auch gleichzeitig Bezugsquellen in den einzelnen Teilgebieten der Weinbaugebiete anzugeben.

Die meisten deutschen Weinbaugebiete können Spitzenwinzer mit internationalem Qualitätsrenommee vorweisen, die den Vergleich zu ihren Spitzenkollegen aus dem Ausland nicht zu scheuen brauchen. Auch bei den anderen genannten Betrieben handelt es sich immer noch um Spitzenerzeuger und um Erzeuger, die seit Jahren konstant hohe Qualität liefern.

Bei den Bezugsquellenhinweisen wurden einige **Abkürzungen** verwendet:

***	Winzer mit internationalem Renommee
**	Winzer der Spitzenklasse
*	Winzer mit konstant hoher Qualität
b. A.	Teil der Qualitätsbezeichnung von Wein „bestimmter Anbaugebiete“ (siehe S. 50)
GV	Gutsverkauf
GAsch	Gutsausschank

Die **Auswahl der Gastronomiebetriebe** in den beschriebenen Regionen konzentriert sich auf Weinrestaurants und Weinstuben. Die Betriebe sind mit Sternen gekennzeichnet:

*	gemütliche Weinstuben und Gaststätten
**	qualitativ hochwertige Gastronomiebetriebe
***	Betrieb genügt selbst höchsten Ansprüchen

Noch mehr Sterne zeichnen Spitzenbetriebe aus.

Begriffsdefinitionen

- ***Bukettreich:*** *Reich an charakteristischen Geschmacks- und Geruchsstoffen.*
- ***Feinrassig:*** *Fein-herzhafter, lebendiger Wein mit feiner, erfrischender Säure.*
- ***Fruchtig:*** *Bezeichnung für Weine, die bei der Geschmacks- und Geruchsprobe einen fruchtigen Ausdruck zeigen. Dies kann sich sowohl auf einen angenehmen, erfrischenden Geschmacks- und Geruchsausdruck der Traubensorte als auch auf andere Obstsorten beziehen. Gemeint sind Obsttöne nach Apfel-, Pfirsich-, Johannisbeer- oder Himbeergeschmack.*
- ***Gehaltvoll:*** *Reich an Inhaltsstoffen wie Zucker, Glycerin, Gerb- und Farbstoffen.*
- ***Herzhaft:*** *Kräftiger, kerniger Wein, bei dem die Säure zwar betont ist, aber durch Verbindung mit anderen Inhaltsstoffen angenehm in Erscheinung tritt.*
- ***Kernig:*** *Als „kernig" wird ein kräftiger, stahliger Wein mit leicht betonter Säure und mittlerem Gerbstoffgehalt bezeichnet. Ein solcher Wein zeigt seine Eigenart mehr im Nachgeschmack als im Bukett.*
- ***Kräftig:*** *Alkohol- und extraktreiche, säurebetonte Weine.*
- ***Pikant:*** *Eleganter, lebendiger Wein mittlerer und guter Qualität mit feinfruchtiger Säure.*
- ***Spritzig:*** *Frische, meist junge Weine mit lebendiger Säure, oft mit leicht erhöhtem Anteil an Kohlensäure, die sich aber nicht äußerlich zeigt.*
- ***Vollmundig, körperreich, voluminös*** *oder* ***rund*** *sind bestgepflegte Weine guter Jahrgänge mit hohem Gehalt an Extraktstoffen und Alkohol.*
- ***Würzig:*** *Die Steigerung von „fruchtig". Würzig ist das edle Aroma großer Weine. Es handelt sich aber auch um ein sortenbedingtes Charakteristikum, das vor allem auf Rebsorten wie Muskateller, Morio Muskat und manchmal auch Müller-Thurgau zutrifft.*

003wg Abb.: ho

▶ *Alte Weinpresse, Schweigen in der Südpfalz*

Geschichte des Weins in Deutschland

Von den Änfängen bis zum Mittelalter

Von den verschiedenen Weinrebenarten, die seit dem erdgeschichtlichen Zeitalter des Tertiär (vor 60 Millionen bis 700.000 Jahren) nachgewiesen sind, hat offensichtlich nur eine die Eiszeit im europäisch-kaukasischen Kulturraum überlebt: die wilde Weinrebe VITIS SYLVESTRIS. Ihr Stamm kann bis zu sechzig Zentimeter dick werden. Aus der wilden Weinrebe wurde die „Edel-Weinrebe" *ssp vinifera* gezüchtet.

Die Weinrebe der Alten Welt VITIS VINIFERA zählt also zu den **frühen Kulturpflanzen der Menschheit.** Bereits vor 8000 Jahren wurden in Damaskus Trauben gelesen und zu einem Getränk verarbeitet, dass noch nicht ganz unseren heutigen Vorstellungen vom Wein entsprach. Die Ägypter haben den Wein schon seit 3500 v. Chr. kultiviert. Die Traube war auch den Indern bekannt.

Griechen und Römer waren wahre Meister im Weinbau. Die Griechen verbreiteten ihn in ihren süditalienischen, südfranzösischen und spanischen Kolonien. Mit der Ausbreitung des Römischen Reichs gelangte der Weinbau dann auch in die nördlich der Alpen gelegenen Provinzen. Zunächst einmal ging es der römischen Verwaltung darum, die Versorgung der Truppen in Burgund und in Britannien sowie an Rhein und Mosel mit Wein zu gewährleisten. Der damalige Transport in ↗Amphoren war wohl zu aufwändig und unzureichend, um die römischen Söldner überall bei Laune zu halten ...

Amphore
Antikes, von Griechen und Römern zur Aufbewahrung von Wein, Öl und anderen Flüssigkeiten verwendetes, zweihenkliges Tongefäß

Doch auch für die Bevölkerung in den römischen Provinzen wurde Wein zu einem immer beliebteren Getränk – es gab schließlich keinen Kaffee und keine Cola. So waren dann im 4. Jahrhundert schon die Hänge von Rhein und Mosel, die Hügel der Pfalz, der Bergstraße und sogar Teile Frankens und Württembergs mit Reben bepflanzt.

Mit dem Niedergang des Römischen Reiches ging es auch mit dem Weinbau in Deutschland bergab. Doch **Karl der Große,** der große Förderer der Landwirtschaft, der mit der Durchsetzung der Dreifelderwirtschaft die Ertragskraft der mittelalterlichen Böden nachhaltig steigerte, widmete sich auch dem Weinbau. Auf ihn geht die Einrichtung der ↗Straußwirtschaft zurück, auch „Buschenschank" genannt, die bis heute vor allem in Süddeutschland lebendige Tradition ist.

Nach der Jahrtausendwende waren es dann die Klöster, die die Vorreiterrolle im Weinbau übernahmen. Unter ihrer Obhut fand der Weinbau die weiteste Verbreitung in Deutschland und das ↗Kloster Eberbach entwickelte sich zum größten Weinwirtschaftsbetrieb in ganz Europa.

Straußwirtschaft

Karl der Große förderte nicht nur den Weinbau, sondern auch die Weinvermarktung. Ein Winzer konnte seinen eigenen Wein ausschenken, wenn er einen Kranz oder einen Strauß (Buschen) vor die Tür hängte.
Bis heute kann ein Winzer, der kein konzessionierter Gastwirt ist, mit seinen Weinen eine Straußwirtschaft in seinem Haus über vier Monate im Jahr betreiben und währenddessen zum Wein passende Speisen anbieten. Weinfreunde schätzen an der Straußwirtschaft – neben dem direkten Kontakt zum Winzer und den meist günstigen Preisen – vor allem die gemütliche Atmosphäre.

Kloster Eberbach

Im Jahre 1136 gründeten Zisterziensermönche aus Clairveaux (Burgund) im Rheingau bei Eltville das Kloster Eberbach. Mit ihrer Erfahrung aus dem französischen Weinbau legten sie Weingärten an. Das Kloster entwickelte sich im Laufe der Zeit zu einem Weinbau- und Weinhandelsimperium mit rund 200 Wirtschaftshöfen, Kellereien, Weinumschlagplätzen und eigenen Schiffen. Kloster Eberbach ist heute als hessische Staatsdomäne einer der Spitzenweinbetriebe in Deutschland und Veranstaltungsort berühmter Versteigerungen und des Rheingauer Musikfestivals.

- *Öffnungszeiten: April bis Oktober täglich 10–18 Uhr, an Wochenenden und im Winter bis 16 Uhr*

Rom, Germanien und der Wein

Mit der Ausdehnung des Römischen Reiches verbreitete sich auch der Weinbau über seine Provinzen. Vor allem entwickelte sich der Anbau in Südgallien – dem heutigen Burgund – so vorteilhaft, dass die heimischen römischen Weine in arge Marktbedrängnis gerieten. Dies forderte den Zorn der römischen Weinhändler heraus, die in dieser Entwicklung eine lästige Konkurrenz für ihr lukratives Geschäft sahen. Rom versuchte daraufhin durch Einfuhrverbote, die heimische Produktion zu schützen – was sich zur damaligen Zeit kaum durchsetzen ließ.

Nach einem vorübergehenden Anbauverbot von Wein in den römischen Provinzen wurde dann seit der Amtszeit des römischen Kaisers Probus (276–282 n. Chr.) der Weinbau außerhalb Latiums wieder kräftig gefördert. So intensivierte sich der südgallische Weinexport auch in

004wg Abb.: hm

Der „Römische Wein von Speyer", Weinflasche aus dem 3. Jh., Weinmuseum Speyer

die germanischen Provinzen Roms wieder, wie zahlreiche archäologische Funde beispielsweise von der Mosel beweisen. Parallel dazu weiteten sich die Rebanpflanzungen im römisch beherrschten Germanien aus. Reger Handel wurde auch innerhalb Germaniens betrieben, wobei die Flusstransporte eine große Rolle spielten. Ein Indiz hierfür ist das Grabmal eines Weinhändlers aus Neumagen an der Mosel aus dem Jahre 200 n. Chr., auf dem sich das Relief eines Wein befördernden Moselschiffes befindet. Im Rheinischen Landesmuseum Trier ist es ausgestellt.

Interessant ist, dass auf dem dargestellten Moselschiff der Wein nicht mehr in Amphoren, sondern bereits in Fässern transportiert wurde. Diese Erfindung stammt aus dem waldreichen Gallien, wo Holz als Rohstoff ausreichend zur Verfügung stand. Auf anderen römischen Grabdarstellungen aus Germanien wird gezeigt, wie schon damals die Weinrebe am Stock ↗„erzogen" wurde.

Erziehung der Rebe
Fachausdruck für das Hochziehen und Anbinden der Rebe am Pfahl oder am Drahtgerüst.

Die Darstellungen von Weinreben lassen aber leider keinen Rückschluss auf damals eingesetzte Rebsorten zu. Auch das ↗Panschen war damals weit verbreitet – schon Plinius beklagte, dass sogar reiche Leute keine reinen Weine mehr genießen könnten. Weinverlängerungen mit Wasser wurden insbesondere Schankwirten nachgesagt. Zum Beispiel hatten geräucherte Weine aus Massilia (römischer Name für Marseille) nicht nur in Rom längst ein gewisses Ansehen erlangt, bis ein Panscher namens Munna den Vertrieb übernommen hatte und sich danach kaum mehr nach Rom trauen konnte aus Angst, dort seine eigenen Weine trinken zu müssen …

Panschen
Strafbare Manipulation des Weins durch unerlaubte Beigabe von Wasser, Zucker und anderen verbotenen Stoffen. Das Panschen von Most nennt man „taufen".
Panschen wurde im Mittelalter mit dem Tod bestraft. Heute wird Weinpanscherei in Deutschland, wie in allen anderen weinbautreibenden Ländern, mit Freiheitsentzug geahndet.

Messwein

Zur Feier der heiligen Messe vorgesehener Wein. Die deutsche Messweinregelung von 1972 lässt alle deutschen Qualitätsweine als Messweine zu. Schärfere Bestimmungen gelten für ausländische Messweine. Hier sind entweder ein Leumundszeugnis oder das Prüfergebnis einer amtlichen Untersuchungsstelle vorgeschrieben. Das Kennzeichnungsrecht schreibt vor, dass Empfehlungen über die Eignung eines Weins zu religiösen Zwecken (Abendmahlswein, Messwein, koscherer Wein) nur im Geschäftsverkehr mit religiösen Einrichtungen gegeben werden dürfen.

Im Zuge der Christianisierung Nordeuropas brachten Mönche die Rebe sogar bis nach Skandinavien und Litauen. Vorrangig ging es ihnen zunächst darum, die Versorgung mit ↗Messwein für ihre neu gegründeten Kirchen zu gewährleisten.

16. bis 19. Jahrhundert

Im **16. Jahrhundert** soll die Rebfläche in Deutschland 300.000 Hektar betragen haben – die dreifache Fläche gegenüber dem heutigen Anbau! Doch die **Reformation,** die sich im nördlichen Europa stärker durchsetzte als in Südeuropa, brachte den Weinbau in vielen Regionen Deutschlands zunächst weitgehend zum Erliegen. Die Klosterkultur machte eine schwere Krise durch und eine drastische Verschlechterung der klimatischen Bedingungen verdrängte den Weinbau aus den weniger begünstigten nördlichen und östlichen Gebieten Europas.

Die Kriege des **17. und 18. Jahrhunderts** trugen viel dazu bei, den Weinbau noch weiter einzuschränken. Mit der im Zuge der Französischen Revolution erfolgten Säkularisierung wurden die Klöster aufgehoben und damit war es mit ihrem Einfluss auf den Weinbau endgültig vorbei.

Ende des **19. Jahrhunderts** richtete die aus Amerika eingeschleppte ↗Reblaus allergrößten Schaden an fast allen europäischen Weinkulturen an.

Da die Reblaus keine Wurzeln amerikanischer Rebsorten schätzt, besteht ihre wirksamste Abwehr darin, europäische Edelreben auf amerikanische ↗Unterlagsreben aufzupfropfen – ein Veredelungsverfahren, wie es auch aus dem Obstbau bekannt ist. Seit Ende des 19. Jahrhunderts wird nach dieser „natürlichen" Bekämpfungsmethode verfahren und die Reblaus stellt in Deutschland kein ernst zu nehmendes Problem mehr dar.

Das 19. Jahrhundert war aber auch das Jahrhundert, in dem der **moderne Weinbau** seine Ursprünge hat. Die ehemals klostereigenen Weinberge wurden meist kleinparzellig verkauft. Ihre neuen Besitzer waren sehr darum bemüht, hochwertigere Weine zu erzeugen, um ein ausreichendes Einkommen aus ihren Weinbergen zu erhalten. Vor allem Weine von Rhein und Mosel wurden weit über ihre Ursprungsregionen hinaus bekannt und auch zunehmend im Ausland geschätzt. Neue Sorten wurden gezüchtet, die Arbeit im Weinberg rationalisiert und neue Kellertechniken eingeführt.

Reblaus

Aus Amerika im 19. Jh. nach Frankreich eingeschleppte Zwerglaus (Viteus vitifolii), die sich schnell über die europäischen Weinbaugebiete ausbreitete und 1874 Deutschland erreichte. Dieser Rebschädling bohrt die Wurzeln europäischer Reben an und saugt ihr die Nährstoffe ab, bis sie eingeht.

Unterlagsreben

Rebsorten, deren Holz bei der Rebveredelung als Träger der Edelrebe („Edelreis") dienen. Hierzu wird der Unterlage ein etwa zwanzig Zentimeter langer Trieb des edlen Rebstocks aufgepfropft, der im Laufe eines Sommers gewachsen und im folgenden Herbst gereift und verholzt ist.

005wg Abb.: ho

20. Jahrhundert

Im 20. Jahrhundert setzte die **Mechanisierung** im Weinbau ein - soweit dies überhaupt möglich ist. Alles zusammen hat zu einer erheblichen Ertragssteigerung im Weinbau geführt.

Die wichtigste Entwicklung der letzten Jahrzehnte des alten Jahrtausends ist die **nachhaltige Qualitätsverbesserung** des deutschen Weins. Spitzenweine hat es in Deutschland schon immer gegeben - es sei nur an den Rheinriesling erinnert, der vor noch nicht allzu langer Zeit weit höhere Preise als ausländische Qualitätsweine erzielte. Längst haben die deutschen Winzer auf die gestiegenen Qualitätsbedürfnisse der Verbraucher reagiert, die als Weltmeister im Reisen ausländische Weine kennen und schätzen lernten und die durch die Vielfalt des Angebots längst auch zu Hause Zugang zu solchen Weinen haben. Nie zuvor hat es eine solche Auswahl und eine so hochwertige Produktpräsenz auf dem deutschen Weinmarkt gegeben!

▲ *Mechanisierung ist im deutschen Weinbau nur teilweise möglich - Traktoreinsatz bei der Weinlese an der Ahr*

Forschungsanstalt Geisenheim

Das Weinstädtchen im Rheingau ist Sitz der Forschungsanstalt für Weinbau, 1872 als „Königliche Lehranstalt für Obst- und Weinbau" gegründet. Hier schlägt das Herz der deutschen Weinwissenschaft! Es stehen 36 ha Versuchsfläche für den Weinbau zur Verfügung. Unter anderem wird Forschung auf den Sektoren Weinbau und Rebenzüchtung sowie Önologie (Wissenschaft von der Weinbereitung bis zur Weinbehandlung) und Getränkeforschung betrieben. In vier Studiengängen des Weinbaus, der Getränketechnik, Gartenbau und Landespflege werden hier Diplom-Ingenieure für die Weinwirtschaft ausgebildet.

Diese veränderten Rahmenbedingungen wurden von der deutschen Weinwirtschaft als Herausforderung verstanden und das Ergebnis kann sich sehen lassen. Das **Renommee des deutschen Weins** ist außerordentlich gestiegen. Die intensivierte Zusammenarbeit zwischen Weinbauwissenschaft, Rebenzüchtern, Winzern und Kellermeistern hat sich ausgezahlt. Neue Erkenntnisse über Weinbau und Kellerwirtschaft und nicht zuletzt die Konzentration auf die für den jeweiligen Standort qualitätsvollsten Rebsorten haben zu einem erneuten Aufleben des deutschen Weins geführt.

006wg Abb.: he

Rund um
den Wein

Die Weinrebe

Die Weinrebe ist eine **Rankpflanze,** deren Lianen sympodial, d.h. ohne eine eigentliche Hauptachse auszubilden, angelegt sind. Dabei endet die Spitze eines jeden Sympodialgliedes mit zwei Knoten in einer Sprossranke. Die **Sprossranke** wird seitlich abgedrängt, während eine Achselknospe das Sprosssystem fortsetzt.

Aus den Achseln der Blätter gehen Kurztriebe hervor, die fachsprachlich **Geizen** genannt werden. Durch Ausgeizen entfernt der Winzer diese Triebe, die den sich entwickelnden Blütentrieben hinderlich sind, belässt aber die unterste Niederblattknospe, weil sich daraus im nächsten Frühjahr ein neuer Langtrieb entwickelt.

Die wechselständig an den Knoten sitzenden **Blätter** sind drei bis fünflappig, ganzrandig oder auch flacher bzw. schärfer gezähnt.

Die **Blütenstände,** die von Mai bis Juni grünlich blühen, sind als Rispen ausgebildet. Insofern wäre die richtige Bezeichnung eigentlich „Weinrispe" und nicht „Weinrebe". Beim Aufblühen reißen die fünf an der Spitze verwachsenen Kronblätter am Blütengrund ab und werden abgeworfen.

Wein – eine Definition

Es gibt fast nichts in der Landwirtschaft, was die Brüsseler Eurokraten nicht schon verwaltungsmäßig erfasst oder definiert haben. So auch den Wein. Nach den Begriffsbestimmungen des europäischen Binnenmarktes ist Wein „... das ausschließlich durch vollständige oder teilweise Gärung der frischen, auch gemaischten Weintrauben oder des Traubenmostes gewonnene Erzeugnis." Nach dem deutschen Weingesetz kommt deutscher Wein „... aus Trauben, die in der Bundesrepublik geerntet wurden, von Reblagen, die innerhalb der Reblagenbegrenzungen liegen und von Rebsorten, die für den jeweiligen Standort zugelassen sind."

Nach der Befruchtung der Blütenstände entwickeln sich saftige **Beeren** mit der Anlage zu einem bis vier Samen. Durch ihr Gewicht wird der Fruchtstand zum Hängen gebracht. Die Beeren sind je nach Sorte rund bis länglich, oval oder auch zugespitzt. Ihre Schale kann dünn oder fest sein und ist oft mit einer hellen Wachsschicht versehen. Im Herbst werden die Trauben mit ihren – je nach Sorte – grünen, gelben, hellroten oder blauroten Beeren gelesen.

Klima und Böden in Deutschland

Bodenbeschaffenheit und Weinqualität

Die 13 deutschen Weinbaugebiete weisen sehr unterschiedliche Böden auf. Der Boden ist von entscheidender Bedeutung für das Wachstum der Reben, den Charakter der Trauben und damit für den Geschmack, die Qualität und den Ertrag des Weins.

An sich ist die Weinrebe eine **relativ anspruchslose Pflanze,** die noch unter Bodenverhältnissen gedeiht, die anderen Pflanzen abträglich sind, wie zum Beispiel an den Steilhängen von Rhein und Mosel.

Als Grundregel lässt sich aufführen, dass die **hochwertigsten Erträge** eher auf Böden erbracht werden, die sich schnell erwärmen und wasser- wie auch luftdurchlässig sind. Eher **mengenorientierte Erträge** stammen von humusreicheren Lehm- und Schwemmböden der Tallagen. Doch die **größte Geschmacksfülle** erbringen Trauben, die auf mineralstoffreichen Böden gereift sind. Ein ausgewogenes Verhältnis der Hauptnährstoffe Kalzium, Kalium, Stickstoff, Phosphorsäure und Magnesium ist Voraussetzung für einen guten Wein.

Bodenton
Die von der Bodenbeschaffenheit herrührenden Geschmackseigenschaften

Angesichts dieser Bodenvielfalt wundert es nicht, dass der so genannte ↗Bodenton bei deutschen Weinen besonders vielfältig ist.

Die **Hauptbodentypen** der deutschen Weinbaugebiete lassen sich hinsichtlich ihres Einflusses auf Weinqualität und Weincharakteristik wie folgt beschreiben:

- **Vulkanböden**
  ergeben füllige, gehaltvolle, kräftige Weine.
- **Schieferböden**
  ergeben feinrassige, pikante, spritzige Weine.
- **Keuper- und Muschelböden**
  ergeben herzhafte, kräftige Weine.
- **Löß- und Lehmböden**
  ergeben gehaltvolle, bukettreiche Weine.

Klimaeinflüsse

Die Biologie der Weinrebe wird – neben den Bodenfaktoren – ganz nachhaltig von den klimatischen Voraussetzungen bestimmt. Temperaturen, Niederschlag und Sonnenschein beeinflussen entscheidend die Bildung der Inhaltsstoffe der Weinrebe. Dass in so hohen Breitengraden der Weinbau überhaupt möglich ist, verdanken die deutschen Anbaugebiete dem **Golfstrom.** Aus der dadurch längeren Reifezeit entwickeln die Winzer zwischen Rhein und Elbe ihre besonders charakteristischen Weine. Beeinflusst wird diese Golfstrom-Großwetterlage noch durch Einflüsse des **Kontinentalklimas** aus Osteuropa wie durch wärmenden **Föhn** aus südlichen Wetterlagen.

Wichtig ist, dass die **Reifeperiode** der Rebe im Herbst in Deutschland länger währt und dass in der Endreifezeit in Deutschland die Niederschläge nachlassen, so dass die Frucht ihre Aromen voll entwickeln kann. All diese Faktoren bewirken, dass die deutschen Weine auf diese Weise so frisch und fruchtig und leicht im Alkohol sind.

Doch von ganz besonderer Bedeutung ist das **Kleinklima deutscher Weingärten,** bestimmt durch Hangneigung, Himmelsrichtung, Intensität der Sonnenreflexion durch einen Fluss am Fuße des Weinbergs oder beispielsweise durch die Nähe eines schützenden Waldes oder einer Bergkuppe sowie nicht zuletzt durch Höhenlage oder Bodenfeuchtigkeit. Wo südeuropäische Weine eher über die Jahre einheitliche Produkttypen verkörpern, variieren so die deutschen Weine von Jahr zu Jahr, von Lage zu Lage, von Winzer zu Winzer. Deshalb spielen detaillierte Herkunftsangaben auf dem Flaschenetikett für deutsche Weine eine ungleich größere Rolle.

Rebsorten

Verbreitung der Sorten in Deutschland

Deutschland verdankt sein historisches Renommee als Weinbauland vor allem dem **Riesling.** Deshalb wird es auch eher als Weißweinland charakterisiert, obwohl der Anbau von roten Rebsorten in letzter Zeit deutlich zugenommen hat. Es ist gleichzeitig das Land der Rebenzüchtung. Insbesondere im 20. Jahrhundert wurden hier **neue Rebsorten** gezüchtet, die inzwischen weit über Deutschlands Grenzen hinaus angebaut werden, wie etwa der Müller-Thurgau oder die Scheurebe. Darüber hinaus ist es

Rebsorte	bestockte Rebfläche (ha)	Anteil (%)
Riesling	*22.600*	*21,8*
Müller-Thurgau	*21.250*	*20,4*
Spätburgunder	*8200*	*7,9*
Silvaner	*7000*	*6,8*
Kerner	*7000*	*6,7*
Portugieser	*4700*	*4,5*
Bacchus	*3300*	*3,2*
Scheurebe	*3300*	*3,2*
Dornfelder	*3200*	*3,1*
Grauburgunder (Ruländer)	*2600*	*2,5*

das **Land der Rebenvielfalt,** denn neben der Hauptsorte Riesling weist nur noch Müller-Thurgau überragenden Flächenanteil auf. Alle anderen angebauten Rebsorten haben einen Flächenanteil von unter zehn Prozent.

Weltweit sind über 8000 Rebsorten im Anbau, 50 davon werden erwerbsmäßig in Deutschland angebaut. Der Anteil der weißen Sorten beträgt inzwischen etwas unter 80 Prozent. Folglich ist der Anteil der roten Sorten auf über 20 Prozent angewachsen.

Weiße Rebsorten

Riesling

Der Riesling ist die **deutsche Renommierrebe.** Sie gehört auch zu den ganz alten Sorten und entstammt wohl der Wildrebe VITIS VINIFERA SSP. SILVESTRIS, die in den Wäldern am Oberrhein heimisch ist. Ihre Kultivierung ist seit dem 11. Jahrhundert überliefert. Richtig durchgesetzt hat sie sich seit dem 17. und 18. Jahrhundert. Die **Bezeichnung** des Rieslings kann entweder auf „Rußling" (Hinweis auf dunkles Holz), wie aus einer urkundlichen Erwähnung in Worms aus dem Jahre 1402 hervorgeht, oder auf „Rißling" (Hinweis auf die rassige/reißende Säure) aus Anbaubelegen aus Rüsselsheim und Pfeddersheim der Jahre 1435 bzw. 1511 zurückgeführt werden.

Der Riesling ist eine **spät reifende Sorte,** die noch sonnige

Steckbrief: Riesling

- ***Blatt:*** *mittelgroß, stumpf gezähnt und fünflappig mit wolliger Unterseite*
- ***Trauben:*** *mittelgroß, dichtbeerig, kompakt, im Reifezustand goldgelb und leicht schwarz gepunktet*
- ***Fruchtfleisch:*** *ist aromatisch und würzig*
- ***Bukett:*** *nach Pfirsich, Äpfeln und Zitrusfrüchten*
- ***Boden:*** *bevorzugt durchlässige Tonschiefer- und Urgesteinsböden in warmen Süd- und Steillagen*

022wg Abb.: dd

und warme Herbsttage voll zur Charakterausprägung nutzen kann, dabei aber hohe Ansprüche an den Standort stellt – und dann die beste Ausprägung seiner Aromen bei ausgewogener Reife von Zucker und rassiger Säure erzielt.

Rieslingweine zeichnen sich durch vielfältigste Geschmacksnuancen, durch ihre kräftige, harmonische Säure und durch ihr feinfruchtiges, edles ↗Bukett aus. Riesling-Prädikatsweine zählen zu den edelsten Tropfen der ganzen Welt! Besondere Spezialitäten bilden die aus der Rieslingtraube gewonnenen edelsüßen Weine, Spät- und Auslesen, da sie mit zunehmender Reife ihre Säure bewahren.

Bukett

Das Bukett (Blumenstrauß) eines Weins stellt die Gesamtheit seiner charakteristischen Geschmacks- und vor allem Geruchsstoffe dar. Es bildet sich in der Traube und besonders im gärenden Wein und ist nach Rebsorte und Jahrgang sehr unterschiedlich. Besonders der vollreife Riesling zeichnet sich durch eine außerordentliche Fülle an Bukettstoffen aus.

Müller-Thurgau

Die Müller-Thurgau-Rebe, deren höherwertige und trocken ausgebaute Weine auch unter der Bezeichnung **„Rivaner“** vermarktet werden, zählt zu den jungen Weingewächsen. Sie wurde von Prof. Müller aus Tägerwilen im Schweizer Kanton Thurgau 1882 an der Königlichen Lehranstalt Geisenheim gezüchtet, in der Schweiz weiterentwickelt und trat seit den 20er Jahren des vorigen Jahrhunderts ihren Siegeszug durch die Weingärten an.

Die Müller-Thurgau-Weine werden wegen ihrer **harmonischen Charaktereigenschaften** aus zartwürzigem Aroma bei milder Säure geschätzt und haben

Steckbrief: Müller-Thurgau

- ***Blatt:*** *mittelgroß, siebenlappig und tief gebuchtet*
- ***Trauben:*** *mittelgroß, eher lockerbeerig, die Beeren gelblichgrün und dünnschalig*
- ***Bukett:*** *blumig mit zartem Muskataroma*
- ***Boden:*** *bevorzugt gute Böden*

014wg Abb.: dk

Steckbrief: Silvaner

- ***Blatt:*** *mittelgroß, dreilappig und dabei fast rund*
- ***Trauben:*** *mittelgroß, rund, dichtbeerig und von wasserheller grünlicher Farbe*
- ***Bukett:*** *dezent, eher verhalten*
- ***Boden:*** *Bevorzugt mittlere Lagen und ist anspruchslos an den Boden. Auf Gesteins- und Kiesböden können sogar fruchtige Silvanerweine bei milder bis feinrassiger Säureausprägung gewonnen werden.*

015wg Abb.: dd

sich im Anbau zur zweitwichtigsten Rebsorte Deutschlands entwickelt. Die Rebe stellt geringe Ansprüche an die Lage, reift früh und erbringt relativ hohe Erträge.

Silvaner

Der grüne Silvaner stammt wahrscheinlich von der kaukasischen Wildrebe VITIS VINIFERA SSP. CAUCASIA ab und wurde seit Hunderten von Jahren bereits in Transsilvanien (Siebenbürgen) angebaut. Seit etwa 800 Jahren ist sie in Österreich beurkundet und trat von da aus ihre Verbreitung nach Deutschland an.

Einst war die Silvanerrebe die wichtigste Rebe in deutschen Weingärten. Sie wurde zunehmend von den Neuzüchtungen verdrängt, befindet sich aber im Zuge der Rückbesinnung der qualitätsorientierten Winzer auf standorttypische Sorten wieder im Vormarsch.

Kerner

Eine der **Neuzüchtungen** mit großem Erfolg ist die Kernerrebe. Sie entstand in der Staatlichen Lehr- und Versuchsanstalt für Wein-, Obst- und Gartenbau in Weinsberg aus einer Kreuzung von Trollinger x Riesling. Seit 1969 besteht Sortenschutz für diese Neuzüchtung, deren Name an den Weinsberger Arzt und Dichter J. Kerner (1786–1862) erinnert.

Die Kernertraube ergibt **frische, süffige Weine** mit feinem Bukett bei feinrassiger Säureausprägung. Sie reift mittelspät und stellt mittlere Ansprüche an

Mostgewicht

Wegen des Gehalts an Zucker (Traubenzucker und Fruchtzucker) und aromatischen wie anderen Inhaltsstoffen liegt das spezifische Gewicht des Mostes über dem von Wasser. In Deutschland wird das Mostgewicht mit der Mostwaage in Öchslegraden gemessen. Das Mostgewicht gibt unter anderem Auskunft über die spätere Güte des Weins und wird daher zur Gütebeurteilung herangezogen. Für den Gesetzgeber ist das Mostgewicht die Grundlage für die Einteilung des deutschen Weins in seine Qualitätsstufen.

die Lage. Frosthärte, in der Tendenz an den Riesling erinnernder Geschmack und sichere, gute Erträge bei zufriedenstellenden ↗Mostgewichten bei mittleren bis höheren Säurewerten macht diese Traube für den Winzer so interessant – und stellt für den Verbraucher eine echte Bereicherung des deutschen Weinangebots dar.

Bacchus

Dem römischen Weingott Bacchus wurde die **Neuzüchtung** aus der Bundesforschungsanstalt für Rebenzüchtung in Siebeldingen gewidmet. Dabei handelt es sich um eine Kreuzung aus (Silvaner x Riesling) x Müller-Thurgau, die seit 1972 den Sortenschutz genießt.

Steckbrief: Kerner

- ***Blatt:*** *fünflappig*
- ***Trauben:*** *mittelgroß, lockerbeerig, die Beeren hellgelb bis strohgelb, rund und dickschalig*
- ***Bukett:*** *fein, erinnert an Eisbonbons und Drops, manchmal mit leichtenm Muskatton*
- ***Boden:*** *gedeiht auf allen für Weinbau geeigneten Böden*

016wg Abb.: dd

Steckbrief: Bacchus

- ***Blatt:*** *groß, fast rund, schwach dreilappig ausgebildet*
- ***Trauben:*** *mittelgroß, dichtbeerig, die rundovalen Beeren hellgelb*
- ***Bukett:*** *blumig mit zartem Muskatton, erinnert manchmal an Kümmel*
- ***Boden:*** *tiefgründige, nährstoffreiche Böden bei hohem Feuchtigkeitsbedarf*

017wg Abb.: dd

Steckbrief: Scheurebe

- ***Blatt:*** *mittelgroß, meist tief fünflappig*
- ***Trauben:*** *mittelgroß, dichtbeerig, die runden Beeren hell- bis goldgelb*
- ***Bukett:*** *aromatisch, erinnert an schwarze Johannisbeeren*

018wg Abb.: dd

Bei **feinrassiger Säureausprägung** schwankt die Ausprägung des Bacchusweines zwischen Riesling und Müller-Thurgau. Die Rebe reift mittelfrüh und stellt mittlere Ansprüche an die Lage. Ihr Ertrag übertrifft bei hohen Mostgewichten und vergleichbaren Säurewerten sogar noch den der Müller-Thurgau-Rebe.

Scheurebe

Die Scheurebe ist neben der Bacchus- und Kernerrebe ein weiteres Neuzüchtungsbeispiel, das sich in Deutschland mit großem Erfolg durchsetzen konnte. Sie wurde 1916 vom **Züchter Georg Scheu** aus der Landesanstalt für Rebenzüchtung in Alzey aus den Standardsorten Silvaner x Riesling gekreuzt und genießt seit 1952 Sortenschutz.

Die Scheurebe reift mittelfrüh, bringt gute Durchschnittserträge und in guten **Lagen** sogar hohe Mostgewichte.

Grauer Burgunder (Ruländer)

Beim Grauen Burgunder handelt es sich um eine **Mutation des Blauen Spätburgunders,** der in Deutschland die Bezeichnung „Ruländer" trägt. Der Speyrer Kaufmann Johann Ruland entdeckte die halbwilde Sorte im

Rebenzüchtung

Neue Rebsorten entstehen durch Kreuzung, Mutation oder Auslesezüchtung mit dem Ziel, noch bessere bzw. geeignetere als bisher in Kultur befindliche Rebsorten zu entwickeln. Der Vorgang der Neuzüchtung ist zeitaufwändig und fordert bis zu zwanzig Jahren Entwicklungsarbeit, manchmal sogar noch mehr. Deswegen befassen sich auch überwiegend staatliche Einrichtungen mit der Züchtung. Neugewonnene Zuchtstämme werden vegetativ (ungeschlechtlich) durch Stecklinge und Pfropfreben (Veredelung) vermehrt.
Neben anderen Erfolgsfaktoren wie zielgerichteter Pflanzenschutz, moderne pflanzenschonende Bodenbearbeitung, Düngung und Flurbereinigung hat die Züchtung in Deutschland in den letzten Jahrzehnten zu der enormen Ertrags- und Qualitätssteigerung des deutschen Weins beigetragen.

Jahre 1711 aufgrund ihrer spezifischen Farbe in einem Garten, erkannte ihren Wert und pflegte sie sortenrein. Durch den Verkauf von Stecklingen löste er die Verbreitung dieser ursprünglich aus Burgund stammenden Rebsorte (französisch: Pinot Gris) in Deutschland aus.

Ruländerweine werden überwiegend **trocken ausgebaut.** Spitzenweine aus der Ruländertraube können mit feinrassiger Säureausprägung ausgesprochen bukettreich sein.

Die Ruländertraube reift mittelspät. Sie ist anspruchsvoll gegenüber der **Lage** und benötigt tiefgründige, nährstoffreiche, fein erdige Böden. Dann ergibt sie gute Erträge und liegt im Öchsle gehalt (siehe „Mostgewicht") gut zehn Prozent über dem Riesling.

Steckbrief: Grauer Burgunder

- ***Blatt:*** *mittelgroß, kaum gebuchtet und wenig ausgeprägt, dreifach gelappt*
- ***Trauben:*** *mittelgroß, walzenförmig angelegt, dichtbeerig, die Beeren klein, dünnhäutig, stroh- bis goldgelb mit einem leichten graurötlichen Schimmer*
- ***Bukett:*** *Bei ausgeprägtem Geschmack erinnert der Duft des Ruländerweins deutlich an Honig.*
- ***Boden:*** *Bevorzugt tiefgründige, nährstoffreiche, feinerdige Böden.*

019wg Abb.: dd

Rote Rebsorten

Steckbrief: Blauer Spätburgunder

- ***Blatt:*** *kaum gebuchtet gelappt*
- ***Trauben:*** *mittelgroß, dichtbeerig und walzenförmig angelegt, die kleinen rundlich bis ovalen Beeren sind rostrot bis tiefrot und dünnschalig.*
- ***Bukett:*** *vollmundig, samtig mit fruchtigem, an Mandeln erinnerndes Aroma, ihr süßlicher Duft variiert von Erdbeere über Kirsche und Brombeere bis hin zu schwarzen Johannisbeeren*
- ***Boden:*** *Bevorzugt tiefgründige, nährstoffreiche, nicht zu trockene Böden.*

020wg Abb.: dd

Blauer Spätburgunder

Der Spätburgunder ist die Stammform zahlreicher Burgunder (Pinot)-Sorten. Wie sein Name schon sagt, stammt er aus Burgund. Er soll schon in karolingischer Zeit nach Deutschland gekommen sein. Der Spätburgunder ist Deutschlands wichtigste Rotweintraube, in Frankreich als **Pinot Noir** bezeichnet. Die Spätburgundertraube ergibt rubinfarbene Weine mit einem Aroma, das auch als **Burgunderton** bezeichnet wird. In guten Lagen und auf richtigen Böden erbringt sie gute bis hohe Erträge. Der klassische ↗Ausbau ergibt aus hochreifen Trauben beste deutsche Spätburgunderweine. Insgesamt gesehen, nimmt der Blaue Spätburgunder unter den deutschen Rotweinen die **qualitative Spitzenposition** ein, die der Riesling unter den Weißweinen innehat. Gerne greifen heute die Winzer auch zum Barrique-Ausbau, der den Spätburgunder gerbstoffreicher macht und ihm eine dann kräftige rote Farbe verleiht.

Schoppenwein
Nicht genau definierte Bezeichnung für angenehme, herzhaft deftige, nicht zu schwere Weine, die sich besonders für den Ausschank in Gaststätten eignen.

Blauer Portugieser

Die zweitwichtigste deutsche Rotweinsorte wird aus dem Blauen Portugieser gewonnen. Ihre **Abstammung** aus Portugal ist zweifelhaft. Wahrscheinlich stammt sie aus dem Donauraum und kam um 1800 erstmals nach Deutschland.

Ausbau

Im Fass oder Behälter entwickelt sich der Wein zu seiner vollen Reife, er „baut" aus. Insgesamt wird mit dem Begriff „Ausbau" die Summe aller kellertechnischen Maßnahmen zusammengefasst, die den Wein konsumfertig und lagerfähig machen. Dazu gehören beispielsweise die Gärung, der ↗Abstich, die Klärung, das Schwefeln, der Verschnitt, die Lagerung in Holz- oder Stahlbehältern, die Abfüllung und die Reifung in der Flasche.

Abstich
Das Umfüllen des Weins von einem Behälter in einen anderen unter gleichzeitiger Abtrennung der Trübstoffe.

Der Portugieserwein weist eine milde, etwas betontere Säureausprägung als beim Burgunder auf. Die hellroten Weine aus der Portugieserrebe sind insgesamt einfach und unkompliziert – gute ↗Schoppenweine. Auch bauen die Winzer ihn gerne als Weißherbst aus. Die Rebe reift früh bis mittelfrüh und liefert hohe Erträge bei guten Mostgewichten.

Steckbrief: Blauer Portugieser

- ***Blatt:*** *groß, grün glänzend und drei- bis fünflappig*
- ***Trauben:*** *mittelgroß, dichtbeerig, runde bis ovale, pflaumenblaue Beeren*
- ***Bukett:*** *verhalten, fast neutral, erinnert feinfruchtig an Erdbeeren und trägt manchmal einen Pfefferton*
- ***Boden:*** *für alle Weinlagen und -böden geeignet, liebt aber keine Staunässe*

021wg Abb.: dd

Rebspezialitäten

Neben diesen neun wichtigsten in Deutschland angebauten Rebsorten gibt es eine Reihe weiterer Rebspezialitäten, von denen folgend noch einige kurz dargestellt werden – denn das breite Spektrum der deutschen Rebsorten trägt zur Vielfalt des deutschen Weins bei.

Dornfelder

Die Dornfelderrebe ist die erfolgreichste rote **Neuzüchtung** in Deutschland. Sie entstand 1955 in der Staatlichen Lehr- und Versuchsanstalt für Wein-, Obst- und Gartenbau in Weinsberg und ist eine Kreuzung aus Helfensteiner x Heroldrebe. 1972 betrug die mit der Dornfelderrebe bestockte Fläche in Deutschland 172 Hektar. Inzwischen ist sie die drittwichtigste Rotweinsorte in Deutschland. Die Farbe der **Dornfeldertrauben** ist schwarzrot, Duft und Geschmack sind fruchtig und erinnern an Himbeeren und Brombeeren. Die Säureausprägung ist betont und gerbstoffreich. Der tiefrote, gehaltvolle Dornfelderwein wird gerne als Sektgrundwein verwendet, im Holzfass angeboten und auch im Barrique ausgebaut.

Schwarzriesling (Müllerrebe)

Der Schwarzriesling stammt aus der Burgunderfamilie und wird allgemein als Mutation des Spätburgunders betrachtet. Entsprechend seiner französischen Bezeichnung Pinot Meunier heißt er in Deutschland auch **Müllerrebe.**

Der **Duft und Geschmack** ist burgunderähnlich bei weicher bis feinrassiger Säureausprägung.

Zu Unrecht wird den Schwarzrieslingsweinen eine eher mittlere Qualität nachgesagt. Wer säureärmere Weine bevorzugt, wird im Schwarzriesling einen farbintensiven, körperreichen Wein von angenehmer Leichtigkeit finden – ein Tipp für den Weinliebhaber.

Samtrot

Eine Spielart des Schwarzriesling ist Samtrot, eine Traube, die hauptsächlich in Baden-Württemberg angebaut wird. Der Wein ähnelt dem Spätburgunder und ist zart, samtig und von langer Lebensdauer.

Elbling (Weißalbe)

Der Weiße Elbling, traditionell auch Weißalbe genannt, ist eine Rebsorte, die auf die Römerzeit zurückzuführen ist. Ihr **Name** kann durchaus vom lateinischen ALBUS abstammen. Im Mittelalter hatte der ertragreiche Elbling seine weiteste Verbreitung, war er doch als Zehntwein besonders geeignet. Mit der Abschaffung des Zehnten (einstige Steuerabgabe) ging die Bedeutung des Elbling rapide zurück. Heute ist die Verbreitung des Elbling auf die Obermosel konzentriert.

Bei verhaltenem Duft und Geschmack weist der Elblingwein eine betonte Säureausprägung auf. Die Rebe erbringt einen beliebten Schoppenwein und ist ein idealer Sektgrundwein. Die Flaschenvermarktung ist aber auch wieder im Kommen. Elblingweine sind für Liebhaber säurebetonter Weine ein Genuss!

Roter Ebling

Den Elbling gibt es auch in einer seltenen roten Variante. Aus dem Roten Elbling werden frische, blassrote Weine erzeugt – ideale Spargelweine!

Weißburgunder

Der Weißburgunder ist in Frankreich als **Pinot Blanc** seit dem 14. Jahrhundert bekannt. Es handelt sich um eine Mutation aus dem Grauen Burgunder.

Duft und Geschmack sind bei feinrassiger Säureausbildung zarter und verhaltener als beim Grauen Burgunder. Bei zu geringem Mostgewicht fehlt es dem Weißburgunderwein an Fülle, bei ausreichendem Mostgewicht erbringt er bei gekonntem Ausbau feinfruchtige und sehr elegante Weine. Ein besonderer Tipp für den Weinkenner!

Trollinger

Die Trollingerrebe ist eine württembergische Spezialität und wird auch fast nur hier angebaut. Daher wird der Wein dieser Rebe auch oft als **Schwäbischer Wein** bezeichnet. In der Regel entsteht aus dieser Traube ein frischer, in der Farbe hellroter Schoppenwein, leicht im Geschmack, fruchtig und süffig. Der Trollingerwein ist von begrenzter Lagerfähigkeit.

007wg Abb.: ho

Die Weinerzeugung

Im Weinberg

Die Arbeit des Winzers zählt zu den schwersten Betätigungen in der Landwirtschaft, aber sie ist auch vielseitig. Der Winzer legt die Rebflächen an, stellt Pfähle und Drahtrahmen auf, schneidet die Reben, düngt den Boden, führt Schädlingsbekämpfung durch, liest die Trauben, keltert sie. Er ist meist auch sein eigener Kellermeister. Und wenn er auch in der Vermarktung aktiv ist, ist er zudem noch Kaufmann.

Die Arbeit im Weinberg

Trotz allem technischen und wissenschaftlichen Fortschritt ist im Jahresablauf für den Winzer, besonders wegen der vielen Steillagen in Deutschland, im Weinberg immer noch viel Handarbeit zu leisten.

Die Arbeit beginnt zu Jahresanfang mit dem Rebschnitt. Im März wird der Boden gelockert und die Reben sind zu binden. Der April verlangt einerseits Frostschutzmaßnahmen, andererseits sind die ersten ↗Schädlingsbekämpfungsmaßnahmen durchzuführen. Im Mai müssen unfruchtbare Schossen entfernt werden, damit sich die tragenden Triebe besser entwickeln können, und es muss wieder Pflanzenschutz betrieben werden. Im Juni sind die Reben zu binden und unerwünschte Triebe auszugeizen. Außerdem stehen dann auch weitere Laubarbeiten auf dem Plan, wie das Kürzen und Aufheften der Triebe. Überflüssiges Blattwerk muss entfernt werden.

Schädlingsbekämpfung
Die Behandlung der Weinstöcke gegen Schädlinge, Pilz- und Virusbefall sowie gegen physiologische Erkrankungen ist lebensnotwendig und geschieht auf unterschiedliche Weise. Der Pflanzenschutz kennt immer gezieltere Mittel, die die Umwelt weniger belasten: Nützlinge werden eingesetzt, mechanische Bodenbearbeitung und viele andere mehr. Durch das Regelwerk ist gewährleistet, dass die Trauben keine Restbelastung von Schädlingsbekämpfungsmitteln aufweisen.

Düngung, Bodenlockerung und erneute Schädlingsbekämpfung müssen erfolgen. Im August setzt sich das Kürzen der Triebe fort und letzte Schädlingsbekämpfungsmaßnahmen stehen an. Im September sind die letzten Laubarbeiten vor der Lese fällig.

Ende September wird schon mit der Ernte frühreifer Rebsorten begonnen. Im Oktober findet dann die Hauptlese statt, zu der alle verfügbaren Arbeitskräfte im Weinberg konzentriert werden. Nur dort, wo inzwischen Erntemaschinen eingesetzt werden, ist die Personalbeanspruchung nicht ganz so hoch. Gleich nach der Lese beginnen die Kellerarbeiten und im Weinberg werden wieder Bodenarbeiten und Neupflanzungen durchgeführt. Im November werden noch spätreifende Reben geerntet. Dies ist auch die Zeit für Spätlesen und Beerenauslesen. An Bodenarbeiten stehen Frostschutzmaßnahmen wie Anhäufen der Rebstöcke an. Die Triebe müssen abgebunden werden. Im Dezember kann manchmal schon Eiswein gelesen werden. Das Neue Jahr beginnt dann mit Instandsetzungen. Veraltetes Rebholz ist zu entfernen und die Drahtrahmen werden ausgebessert.

008wg Abb.: vk

▲ *Beim Rebschnitt*

Die Weinlese

Es bedarf großer Erfahrung und vielen Fingerspitzengefühls des Winzers, um den für die Weinbereitung optimalen Lesezeitpunkt zu erkennen. Trauben, die für Qualitätsweine mit Prädikat vorgesehen sind, dürfen übrigens nur nach vorheriger Ernteanzeige gelesen werden. Überwacht werden diese

▲ *Weinlese in Cochem an der Mosel*

Vorgänge durch Fachausschüsse bei den zuständigen Behörden.

Traditionell werden die Trauben mit einer Traubenschere vom Weinstock abgeschnitten und in Bütten gesammelt. Edelfaule Beeren werden ausgelesen, faule rote Beeren ausgesondert, weil sie die Farbreinheit des Rotweins gefährden.

Die **vollmechanisierte Traubenernte,** wie sie in Kalifornien entwickelt wurde, wird heute auch schon in hierfür geeigneten Weingärten Deutschlands praktiziert. Dies setzt aber größere Zeilenabstände voraus, was den Ertrag mindert, und erfordert einen höheren Aufwand zum Sortieren des Lesegutes nach Reifegrad oder Zustand.

Keltern

Das Auspressen der Weintrauben war einst Schwerstarbeit für die Winzer, deshalb wurde auch das **Austreten der Trauben** mit den Füßen üblich.

010wg Abb.: hb

▲ *Alte Baumkelter, Heilbronn*

Karl der Große, der sich mit Nachdruck für die Verbesserung der landwirtschaftlichen Produktionsmethoden eingesetzt hat, verbot aber diese Art der Mostgewinnung. Er hatte erkannt, dass diese Methode unergiebig und auch unhygienisch war. In der „Capitulare de villis", seiner im Jahre 794 verfassten Landgüterordnung, legte er fest: „Niemand unterstehe sich, die Trauben mit Füßen zu treten."

Schon die Römer und Griechen hatten zum Auspressen der Trauben mächtige **Baumkelter,** auch Trotten oder Torkeln (oder Torggel) verwendet, mit dem die Trauben dem Druck eines oft über zehn Meter langen, schweren Eichenstammes ausgesetzt waren. Diese Baumkeltern kamen dann auch im deutschen Mittelalter wieder zum Einsatz. Eine ganze Reihe dieser alten Pressen sind heute als Schaustücke noch vorhanden.

Die **heutigen Kelter** werden mechanisch, hydraulisch oder pneumatisch (durch Luftdruck) betrieben und haben eine hohe Leistungsfähigkeit.

Die Weinbereitung

Durch das Auspressen der Weintrauben entsteht **Most,** das Ausgangsprodukt für die Gärung: eine trübe, süße und auch bei den meisten Rotweinsorten helle, gelbliche bis rötliche Flüssigkeit. Der Most besteht zu 78–85 % aus Wasser, zu 12–25 % aus Zucker, zu 6–20 ‰ aus Säuren, zu 2,5–3,5 ‰ aus Mineralstoffen und zu minimalen Anteilen aus Bukettstoffen, Farbstoffen, Vitaminen und Eiweißen.

Die Weißweinbereitung

Weißwein ist der aus dem Saft weißer Trauben durch alkoholische Gärung gewonnene Wein. Nach der Lese werden die Trauben von Stielen und Gerüst getrennt („entrappt") und in der Traubenmühle zerquetscht. Die so entstandene **Maische** wird dann auf die Kelter zum Auspressen gebracht. Beerenhäute und Kerne verbleiben in den Pressrückständen, dem **Trester,** zurück.

Um einer möglichen ↗Oxidation vorzubeugen, wird der Most nach Abtrennung von Verunreinigungen („Klärung") sofort zur ↗**Gärung** gebracht.

Oxidation

Kommt Wein mit Luft in Berührung, so beginnt er bald zu oxidieren. Er wird braun, verliert an Bukett und Frische und nimmt einen als „firn" bezeichneten Fremdgeschmack an.

Die **Hauptgärung** des Mostes zieht sich über mehrere Tage bei 22 bis 25 Grad Celsius teilweise „stürmisch" hin. Die dreiwöchige **Nachgärung** verläuft bei nur 12 bis 14 Grad Celsius ruhiger.

Die mit Gärungsduftstoffen angereicherte Kohlensäure ist Merkmal des angegorenen Mostes, der als **Federweißer** („Sturm" oder auch „Sauser") gerne getrunken wird. Bis der Jungwein in Flaschen abgefüllt werden kann, wird er noch kellertechnisch durch Abstich und Säureabbau behandelt.

Die Rotweinbereitung

Rotwein ist Wein aus roten Trauben, deren Schalen, die den roten oder blauen Farbstoff enthalten, mitvergoren werden. Zunächst werden die Rotweinbeeren von den gerbstoffreichen Stielen getrennt und dann gemahlen.

Die Maische wird nicht sofort gekeltert, sondern zunächst einmal werden durch mehrtägige **Maischegärung** die in den Beerenhülsen eingeschlossenen Farbstoffe freigesetzt. Die Dauer der Vorgärung bestimmt die Farbtiefe sowie den Gehalt des Weins an den auch in den Beerenhülsen vorhandenen Gerbstoffen und damit die Geschmacksrichtung des Rotweins. Statt der Vorgärung gibt es auch schon Verfahren der Extraktion von Farb- und Gerbstoffen durch Wärmeeinwirkung. Die vorbehandelte Maische wird dann gekeltert und der Most in Gärbehältern zu Ende vergoren.

Die Roséweinbereitung

Roséwein wird aus hellgekeltertem Most von Rotweintrauben gekeltert. Im Gegensatz zur Rotweinbereitung erfolgt hierbei keine Maischegärung, sondern die farbstoffhaltigen Beerenschalen werden vor oder kurz nach der eingetretenen Gärung durch Pressen vom Saft getrennt.

Gärung

Die Gärung ist der Vorgang der Hefevermehrung auf der zuckerhaltigen „Nährlösung" Most. Zu ihrer Energieversorgung bewirkt dabei die Hefe die Aufspaltung der Zuckermoleküle in Alkohol und Kohlensäure unter Bildung von Zwischen- und Nebenprodukten („Zuckergärung"). In einer zweiten Gärung läuft der zur Bildung von Milchsäure führende biologische Abbau der Apfelsäure („malolaktische" Gärung) ab.

In Deutschland kann ein Qualitätswein b. A. statt Roséwein auch **Weißherbst** (siehe Weinspezialitäten) genannt werden, wenn er ausschließlich aus Trauben einer Rebsorte hergestellt wurde und diese Trauben aus einem der dreizehn Anbaugebiete entstammens.

Weinerzeugung

Werden Rotwein- und Weißweintrauben zusammen gekeltert, entsteht der **Rotling,** der in Württemberg auch „Schillerwein" genannt wird.

Die Schaumweinbereitung

Schaumwein ist moussierender Wein, dessen Perlenspiel durch einen hohen Gehalt an Kohlensäure hervorgerufen wird. Schaumwein kann **Sekt** genannt werden, wenn er mindestens neun Monate gelagert hat und nach offizieller Qualitätsprüfung eine amtliche Prüfnummer erhalten hat.

In Deutschland wird Schaumwein aus fertigem Stillwein durch eine **zweite Gärung** gewonnen. Die zweite Gärung wird durch Zusatz von Zucker und Zuchthefe („Fülldosage") in den Wein ausgelöst. Danach folgen unterschiedliche Weiterbearbeitungsverfahren.

▲ Im Weinkeller: Weintanks des Badischen Winzerkellers Breisach

Beim aufwändigen **Rüttelverfahren** (méthode champagnoise) finden die Gärung und Reifung in der Flasche statt. Hefe und Trub (Bodensatz) werden in den schräg gestellten Flaschen zum Hals hin transportiert und nach Vereisung entfernt. Bei der **Filterenthefung** wird der Schaumwein nach erfolgter Gärung und Reifung in der Flasche in Großbehälter umgefüllt und vor der Abfüllung über Filter geklärt. Beim **Großraumgärverfahren** erfolgen Gärung und Reifung in druckfesten Großbehältern. Auch bei diesem Verfahren läuft die Klärung über Filter.

Abschließend wird – unabhängig vom Herstellungsverfahren – dem fertigen Schaumwein oder Sekt vor der Abfüllung eine Lösung aus Zucker und Wein, die sog. **Versanddosage** beigegeben, um den gewünschten Süßegrad zu erreichen (siehe auch Abschnitt „Qualität des Sektes"). Diese Versanddosage prägt das Geschmacksbild des Schaumweins oder Sektes.

Entscheidender für die Qualität des Schaumweins als das Herstellungsverfahren ist die Qualität des Grundweins und die Lagerzeit auf der Hefe.

Cuvée

Um eine gleichbleibende Qualität des Schaumweins und seinen gleichbleibenden Geschmack zu gewährleisten, werden Grundweine zur Cuvée verschnitten. Aus dieser Mischung wird durch zweite Gärung der Schaumwein (oder Sekt) hergestellt. Für die Bereitung einer solchen Cuvée ist viel Fachverstand und viel Erfahrung erforderlich.

Brennerei
Karl Röhrig
Obst und Weinbau
Verkauf im Hof
Inh. Birgit Bischoff
Kartoffeln
Apfelsaft

013wg Abb.: ho

Wein- und
Sekteinkauf

Die Weinqualität

Qualitätskriterien

Die Beurteilung der Qualität eines Weins hängt zwar letztendlich immer von dem persönlichen Geschmack ab, doch gibt es klare Hinweise auf dem Flaschen-Etikett zur Qualität des Weins.

Das Europäische Weinrecht setzt die Rahmenbedingungen für die Qualitätseinstufung der Weine eines jeden einzelnen Mitgliedslandes der Gemeinschaft. Mit dem **deutschen Weingesetz** wurde dieser europäische Rechtsrahmen in nationales Recht umgesetzt. Danach erfolgt die systematische **Einteilung des deutschen Weins** in:

- Tafelwein,
- Qualitätswein bestimmter Anbaugebiete (QbA),
- Qualitätswein mit Prädikat.

Als **Kriterien der Einteilung** gelten Mindestmostgewichte, Lese, ↗Anreicherung und Entsäuerung, die amtliche Qualitätsprüfung, kellereitechnische Behandlungsverfahren und vieles andere mehr.

Anreicherung

Anreicherung wurde früher auch „Verbesserung“ genannt. Das ist kein beklagenswerter Zustand, sondern angesichts der klimatischen Bedingungen in Deutschland wird dem Winzer die Möglichkeit gegeben, Moste für Tafel- und Qualitätsweine mit zu geringem natürlichen Zuckergehalt aufzubessern. Eine Anreicherung ist bei Qualitätsweinen mit Prädikat nicht zulässig. Übrigens: In Frankreich dürfen auch AC-Weine mit Zucker angereichert werden (AC = „Appellation d'Origine Contrôlée“ wird nach französischem Weinrecht Weinen bestimmter Herkünfte zuerkannt).

Tafelwein

Tafelweine sind leichte, bekömmliche Weine, die nur aus geeigneten Rebsorten hergestellt werden, von genehmigten Weinbergen stammen und mindestens 8,5 Volumen-Prozent (Vol.-%) Alkohol aufweisen. **Landweine** sind qualitativ gehobene Tafelweine mit mindestens 9-prozentigem Alkohol und gebietstypischem Charakter mit landschaftsbezogenem Namen. Auf dem Etikett muss eine entsprechende Gebietsbezeichnung angegeben werden, wie zum Beispiel „Ahrtaler Landwein".

Qualitätsweine bestimmter Anbaugebiete (QbA-Weine)

Diese Weine stammen nur aus einem der dreizehn deutschen Anbaugebiete und müssen – je nach Gebiet – ein Mindestmostgewicht von 50° bis 72° ↗Öchsle haben. Es handelt sich um gehaltvollere, für das Gebiet typische Weine, deren Qualität durch eine amtliche Prüfung (mit Prüfungsnummer) festgestellt worden ist. Zur Erhöhung des Alkoholgehaltes darf dem Most von Tafel- wie auch Qualitätsweinen vor der Gärung eine bestimmte, festgelegte Höchstmenge an Zucker zugesetzt werden – dies auch durch Zugabe von konzentriertem Traubenmost oder Traubenmostkonzontrat.

Öchsle

Die vom Pforzheimer Physiker Ferdinand Oechsle (1774–1852) konstruierte Mostwaage trägt seinen Namen. Mit dieser Waage kann der Zuckergehalt des Mostes (gepresster Saft der frischen Trauben vor der Gärung) durch Ermittlung des Mostübergewichtes gegenüber Wasser einfach gemessen werden. Das Ergebnis wird in Grad Öchsle ausgedrückt und lässt Voraussagen über Alkoholgehalt und Qualität des Weins zu.

Qualitätsweine mit Prädikat

Diese Weine stellen die obere Qualitätsstufe des deutschen Weinangebotes bis hin zu Spitzenqualitäten dar. Sechs Prädikate kennt das deutsche Weingesetz:

Kabinett

Bei Mindestmostgewichten von 67° bis 85° Öchsle handelt es sich in der Regel um ausdrucksstarke

Cabinett-Keller

Den Ursprung des Begriffs „Kabinett" für einen deutschen Prädikatswein liegt im Kloster Eberbach im Rheingau. Hier wurde die im Jahre 1245 erbaute ehemalige Fraternei (Bruderschaftsgebäude) der Mönche, die seit dem 16. Jahrhundert als Lagerkeller benutzt wird, als „Cabinett-Keller" bezeichnet. Der Herzog von Nassau, der Kloster Eberbach 1803 nach der Säkularisation erwarb, richtete als neuer Besitzer den „Cabinett-Keller" wieder ein. Erstmals taucht der Begriff 1811 auf dem Etikett einer Steinberger Auslese Originalabfüllung aus dem „Herzoglich Nassauischen Cabinets Keller" auf. Fürst Metternich griff die Bezeichnung auf Schloss Johannisberg auf und führte sie ab 1822 regelmäßig auf seinen Flaschenetiketten: F.M. Schloss Johannisberger Cabinets Wein. Später hat sich dann die Bezeichnung „Cabinet" für Weine eingebürgert, deren Qualität mit Abstand über dem Durchschnitt lag. Erst mit dem Weingesetz von 1971 wurde die Bezeichnung „Kabinett" dann einem bestimmten Prädikatswein vorbehalten.

leichte Weine mit 7 bis 10 Vol.-% Alkohol. Es erfolgt eine behördliche Lesekontrolle und eine amtliche Prüfung von Analyse und Geschmack. Elegante, ausgereifte Kabinettweine stellen eine deutsche Weinspezialität dar, die kaum ein anderes Weinland der Erde in dieser Vielseitigkeit anbieten kann.

Spätlese

Die reiche Geschmacksfülle von Spätlese-Weinen resultiert aus vollreif geernteten Trauben. Die Lese erfolgt mindestens sieben Tage nach Beginn der Hauptlese, das Mostgewicht beträgt mindestens 85° bis 95° Öchsle.

Die Geburt der Spätlese

Vor der Säkularisation unterstand die Bewirtschaftung der Weinberge von Schloss Johannisberg im Rheingau dem Fürstabt von Fulda, dessen Weingutaufseher hier mit fortschrittlichen Methoden wirtschafteten. So konnte auf Johannisberg erst mit der Lese begonnen werden, wenn ein so genannter „Lesereiter" hierzu aus Fulda die Genehmigung erteilte. Dieser Herbstkurier verspätete sich im Jahre 1775, aber die Mönche auf Johannisberg trauten sich nicht mit der Lese zu beginnen, obwohl die Trauben bereits zu schrumpeln begannen und von einem Pilz befallen worden waren. Dieses Unglück stellte sich aber später als großes Glück heraus. Denn das Eintrocknen der Trauben konzentriert den Most und der Pilzbefall wird heute als „Edelfäule" bezeichnet, durch die gleichfalls die Inhaltsstoffe der Trauben konzentriert werden.
Diese erste unfreiwillige Spätlese veranlasste die Mönche auf Johannisberg später, die Lese bewusst herauszuschieben, um so Spitzenweine zu erzeugen. In der Fachliteratur wird seit Mitte des 19. Jahrhunderts auf diese Technik der Traubenernte hingewiesen.
Heute erinnert ein Standbild vor Schloss Johannisberg an die „Geburt" der Spätlese.

Auslese

Auslese-Weine sind edle Tropfen für besondere Gelegenheiten, die aus spätgelesenen, vollreifen und getrennt gekeltertem Traubengut gewonnen werden. Ihr Mindestmostgewicht beträgt 95° bis 105° Öchsle.

Beerenauslese

Seltene und süße Weine aus edelfaulen oder überreifen, ausgewählten Beeren. Ihr Mindestmostgewicht beträgt 125° Öchsle.

Eiswein

Eiswein wird aus am Stock gefrorenen Trauben gekeltert. Durch das Ausfrieren des Wassers in der Beere werden die Extrakt- und Duftstoffe im Wein konzentriert, der dadurch einen äußerst intensiven Geschmack erhält. Angeblich soll ein solcher Wein im Februar 1830 erstmals in Bingen hergestellt worden sein. Seither wird von den Winzern, wenn die Kälte dies zulässt, bewusst Eiswein hergestellt. Dazu muss Frost von mindestens -8 °C wenigstens drei Tage auf die Trauben eingewirkt haben.

Trockenbeerenauslese

Seltene, süße und kostbare Weine mit höchster Geschmackskonzentration aus eingeschrumpften, edelfaulen Beeren. Bei mindestens 150° Öchsle sind diese Weine dennoch relativ alkoholarm.

Eiswein

Eine Rarität des deutschen Weinangebots – die Trauben für Eiswein müssen tiefgefroren geerntet und gekeltert werden. Eisweine zeichnen sich durch hohe Süße und Säure aus.

Die Sektqualität

Deutscher Sekt wird in zwei Qualitätsstufen unterteilt. Im Gegensatz zum „Stillwein" wird **„Schaumwein"**, die offizielle Bezeichnung für Sekt, durch eine erste oder zweite alkoholische Gärung aus Traubenmost, Tafelwein oder Qualitätswein gewonnen, der in geschlossenen Behältnissen bei 20° Celsius einen Überdruck von mindestens drei atü aufweist. Deutscher Sekt muss selbstverständlich aus deutschen Grundweinen hergestellt worden sein.

Qualitätsschaumwein

Einfache Schaumweine werden von den Qualitätsschaumweinen oder „Sekt" unterschieden. Qualitätsschaumwein muss mindestens neun Monate abgelagert sein und nach behördlicher Prüfung eine amtliche Prüfnummer tragen.

Qualitätsschaumwein bestimmter Anbaugebiete (Sekt b. A.)

Dieser Schaumwein muss aus Grundweinen ausschließlich aus dem genannten Gebiet hergestellt worden sein.

Restzuckergehalt

Der Restzuckergehalt beim Sekt ist entscheidend für seine Geschmacksrichtung. Die Bezeichnungen hierfür sind die gleichen oder ähnliche wie beim Wein. Für Sekt können dabei aber unterschiedliche Werte gelten. Der Süßegrad von Sekt wird wie folgt unterschieden:

- **brut nature** 0–3 g/l Restzuckergehalt
- **extra brut** 0–6 g/l Restzuckergehalt
- **brut** 0–15 g/l Restzuckergehalt
- **extra trocken** 12–20 g/l Restzuckergehalt
- **trocken** 17–35 g/l Restzuckergehalt
- **halbtrocken** 33–50 g/l Restzuckergehalt
- **mild** über 50 g/l Restzuckergehalt

Das Wein- und Sektetikett

Auf dem Wein- und Sektetikett kann man wichtige Hinweise für den Einkauf finden. Neben sechs Pflichtangaben sind weitere Hinweise auf dem Etikett möglich.

Pflichtangaben

- **Einstufung der Qualität:** „Tafelwein", „Qualitätswein" oder „Qualitätswein mit Prädikat".
- **Prüfungsnachweis:** Angabe der für Qualitätswein erforderlichen amtlichen Prüfnummer.
- **Herkunft:** Angabe des Anbaugebietes für Qualitätsweine; zusätzlich frei wählbare Angabe von Großlage, Einzellage, Gemeinde oder Ortsteil.
- **Abfüller:** „Erzeugerabfüllung", wenn der Erzeuger der Trauben zugleich Abfüller ist. Diese Bezeichnung können Winzer, Weingüter, Genossenschaften und unter bestimmten Voraussetzungen auch Erzeugergemeinschaften verwenden. „Gutsabfüllung", wenn die Trauben im eigenen Weingut geerntet und verarbeitet wurden.
- **Flascheninhalt:** Angabe der Füllmenge.
- **Alkoholgehalt:** In Volumen-Prozent.

024wg Abb.: ho

Freigestellte Angaben

- **Jahrgang:** Wichtige Angabe wegen der schwankenden Klimabedingungen in Deutschland.
- **Rebsorte:** Prägend für das Geschmacksbild des Weins. Bei Angabe müssen 85 % des Inhalts dieser Sorte entstammen. Bei zwei Sorten ist die überwiegende zuerst zu nennen. Der Wein muss dann zu 100 % aus diesen beiden bestehen.
- **Geschmacksangaben:** Zum Beispiel „trocken" (dieser Wein darf je nach Anteil der Säure 9 g/l unvergorenen Zucker enthalten, für Diabetiker bis zu 4 g/l) oder „halbtrocken" (der Wein darf bis zu 18 g/l Restzucker enthalten).

Viele Winzer fügen noch weitere zweckdienliche Angaben auf dem Etikett oder auf einem Rückenetikett hinzu. Dies beinhaltet zum Beispiel Informationen über die Verwendung des Weins, seine Harmonie zu Speisen oder die empfohlene Trinktemperatur. Es können auch Analysedaten über Restzucker und Weinsäurewert angegeben werden.

025wg Abb.: ho

Schaumwein und Sekt unterliegen ähnlichen Etikettierungsbestimmungen wie Wein. Bei Qualitätsschaumwein (Sekt) b. A. muss das jeweilige Anbaugebiet genannt werden. Zulässig sind Geschmacksangaben, die sich entsprechend der gesetzlichen Einteilung am unvergorenen Zuckeranteil ausrichten. Zulässig ist auch ein Hinweis auf Flaschengärung.

Die amtliche Qualitätsprüfung

Jede Flasche Qualitätswein trägt eine amtliche Prüfungsnummer. Die Feststellung der für Prädikatsweine erforderlichen Voraussetzungen erfolgt im Rahmen einer dreiteiligen, offiziellen Prüfung, die sich aus einer Lese- und Reifeprüfung, einer analytischen und einer Sinnenprüfung zusammensetzt.

Mit der **Lese- und Reifeprüfung** werden die vorgeschriebenen Aufzeichnungen des Winzers („Herbstbuch") zur Ernteerfassung und zur Dokumentation qualitätsrelevanter Aktivitäten wie Lesezeitpunkt, Lesemenge, Herkunft, Mostgewicht etc. überprüft. Darüber hinaus sind im „Kellerbuch" die Mengenbewegungen, die Verwendungen für Nebenerzeugnisse, Anreicherungsmaßnahmen etc. erfasst. Auf offizielles Verlangen muss der Winzer sein Kellerbuch vorweisen.

Weinsiegel

Das von der DLG vergebene Deutsche Weinsiegel stellt eine zusätzliche Qualitätsauszeichnung von Weinen dar. Zur Erlangung des Siegels sind mindestens 2,5 Punkte nach dem amtlichen 5-Punkte-System erforderlich. Das Deutsche Weinsiegel wird mit einem gelben Siegel für trockene, mit einem grünen Siegel für halbtrockene und mit einem roten Siegel für andere Weine vergeben. Darüber hinaus zeichnet die DLG jährlich im Rahmen der Bundesweinprämierung (s. „Wissenswertes aus dem Internet") höchste Leistungen der deutschen Weinerzeuger aus.

Die **Analyseprüfung** untersucht die Inhaltswerte des Weins – insbesondere die Einhaltung festgelegter Grenzwerte. Den Kern der amtlichen Weinprüfung bildet die **Sinnenprüfung** nach einem von der Deutschen Landwirtschafts-Gesellschaft (DLG) erarbeiteten 5-Punkte-System. Zuerst wird überprüft, ob der Wein die richtige Farbe hat und optimal klar ist, ob Herkunft, Jahrgang und Rebsorte richtig angegeben sind und der für das Prädikat typische Geruch und Geschmack gegeben sind. Im zweiten Prüfungsteil werden Geruch, Geschmack und Harmonie einer eingehenderen Bewertung unterzogen – hierfür gibt es in der Gesamtheit null bis fünf Punkte. Zur Erlangung der Prüfnummer sind dabei mindestens 1,5 Punkte erforderlich.

Weinspezialitäten

Neben den fünf **Grundarten des Weins,** wie sie das deutsche Weingesetz definiert (Weißwein, Rotwein, Rosé, Rotling und ↗Perlwein), gibt es eine Reihe weiterer Weinbezeichnungen mit historischem Hintergrund oder für spezielle Qualitäten und auch so genannte ↗Marken- oder ↗Typenweine.

Affentaler

Die genaue Bezeichnung dieses badischen Herkunftstypenweins

Perlwein

In der Regel einfache Weine (Tafelweine) mit natürlicher oder zugesetzter Kohlensäure, deren Druck geringer ist als bei Schaumweinen. Perlwein ist auf dem Etikett deutlich als solcher zu kennzeichnen.

Markenwein

Markenweine sind Verschnitte von Tafelweinen und/oder Qualitätsweinen mit dem Ziel, ein qualitativ, geschmacklich und preislich gleichbleibendes Angebot bieten zu können. Die Voraussetzungen hierfür haben nur größere (Handels-)Kellereien. In der Regel vermarkten sie solche Weine unter Phantasiebezeichnungen, die wettbewerbsrechtlich für den Hersteller geschützt sind.

Typenwein

Bei Typenweinen handelt es sich um Erzeugerabfüllungen oder Interessengemeinschaften von Winzern mit gleichbleibender Qualität, deren Bezeichnungen mit weinrechtlichen Begriffen verbunden sind bzw. auf die Herkunft oder Qualität des Weines schließen lassen. Angesichts des zunehmenden internationalen Wettbewerbs versuchen die Anbieter natürlich den Markencharakter solcher gebietstypischer Standardweine herauszustellen.

lautet „Affentaler Spätburgunder Rotwein". Weine dieser Bezeichnung sind ausschließlich aus Spätburgundertrauben erzeugt und kommen nur aus den Gemarkungen Bühlertal, Altschweier, Eisental-Affental und Neuweier und dürfen nur als Qualitätswein angeboten werden. Obwohl der Affe auf dem Etikett als Markenzeichen gilt, stammt der Name „Affental" vom Tal des Flüsschens „Ave" ab.

Badisch Rotgold

Badisch Rotgold ist eine Qualitätskennzeichnung der Weinart „Rotling" für badische Qualitätsweine aus einer Trauben- oder Maischenmischung von Grauburgunder und Spätburgunder (kein Wein- oder Mostverschnitt). Kellertechnisch wird dieser Wein wie Weißherbst behandelt.

Barrique-Weine

Zum Barrique-Ausbau eines Weins wird dieser zunächst einige Monate in einem kleinen Eichenfass (franz.: barrique) gelagert. Dabei geht der Gerbstoff aus dem Eichenholz in den Wein über, so dass der Wein einen spezifisch ausgeprägten, markanten bis fast aufdringlichen Holzton erhält. Diese Methode hat auch in Deutschland zunehmend an Bedeutung gewonnen und wird vorwiegend bei guten Rotweinen angewandt.

Bleichert

Es handelt sich um eine alte volkstümliche Bezeichnung (auch „Bleichart") für hellroten Wein (Rosé) in Deutschland. In früheren Jahrhunderten war es üblich, aus roten Trauben Bleichert herzustellen. An der Ahr wird die Bezeichnung noch für einen Weißherbst aus Blauem Spätburgunder verwendet.

Casimir

Ein Zusammenschluss von Winzern aus Mettenheim erwählt jährlich die besten ihrer Rieslingweine zur Vermarktung unter der Bezeichnung „Casimir", benannt nach dem gleichnamigen Reichsgrafen. Folglich handelt es sich um einen sortenreinen Typenwein aus Rieslingtrauben. Dieser Qualitätswein (Q.b.A.) aus Rheinhessen ist klassisch trocken, ausdrucksvoll mit ausgeprägtem Bukett und weist Angaben über Jahrgang, Lage und Erzeuger auf.

Classic

Neu geschaffene Auszeichnung für überdurchschnittlich gute, gehaltvolle, kräftige, aromatische und vor allem trockene Weine aus einer klassischen gebietstypischen Rebsorte.

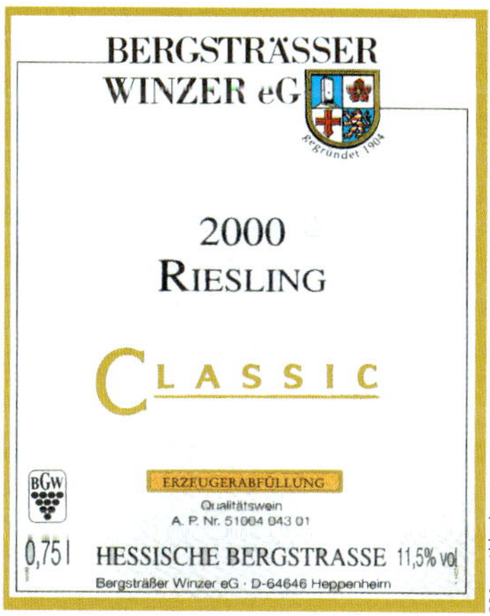

026wg Abb. hc

Charta-Wein

Diese Typenweinbezeichnung ist eine Zusatzbezeichnung für Weine von Rheingauer Winzern, die sich zur Vereinigung der Charta-Weingüter zusammengeschlossen haben. Ein Charta-Wein muss gänzlich aus der Rieslingrebe erzeugt werden, darf nicht weniger als 7,5 Gramm pro Liter Säure haben, muss 3° Öchsle über der jeweiligen Qualitätsstufe liegen, 9 bis 13 Gramm Restzucker aufweisen und mindestens sechs Monate in der Flasche gereift sein. Abgefüllt wird er in länglichen ↗Schlegelflaschen. Erkennungszeichen ist ein romanischer Doppelbogen.

Schlegelflasche
Schlanke, elegante Flaschen mit hochgezogenem Hals – die typischen deutschen Weißweinflaschen.

Diabetikerwein

Deutscher Wein kann als Diabetikerwein bezeichnet werden, wenn er höchstens vier Gramm unvergorenen Restzucker, 40 mg/l freie und 150 mg/l gesamte schweflige Säure und zwölf Prozent Alkohol enthält. Auf dem Rückenetikett kann dann vermerkt werden: „Für Diabetiker geeignet" mit dem Zusatz: „Nur nach Befragen des Arztes".

Erstes Gewächs

In Anlehnung und zur Gleichstellung zu den ↗Grands Crus auf dem internationalen Weinmarkt hat der Verband Deutscher Prädikatsweingüter (VDP) ein dreistufiges Klassifizierungsmodell für deutsche Weine entwickelt. Nach den Orts- und Gutsweinen kommen die klassifizierten Lagenweine, darüber im trockenen bzw. edelsüßen Bereich die „Grands Crus", die nach den Kriterien des VDP „Erstes Gewächs" oder „Großes Gewächs" oder auch „Erste Lage" heißen.

Grand Cru, Premier Cru

Im Gegensatz zum deutschen teilt das französische Weingesetz die Qualitäten bestimmten Lagen zu. So stammen z. B. die besten Burgund-Weine von den „Grands-Crus-" oder „Premier-Crus-" Lagen („Großes" bzw. „Erstes" Gewächs).

Es gelten strenge Kriterien für die neue Qualitätsbezeichnung „Erstes Gewächs". Dazu zählen hochwertiges Lesegut von geeigneten Rebsorten, Ertragsmengenbegrenzung, eine sensorische Prüfung und vieles andere mehr.

Geheimrat „J"

Der Geheimrat ist ein Deutscher Typenwein, der als Spitzenwein für die gehobene Gastronomie unter spezieller Herausstellung des herstellenden Weinguts (so genannter „Château-Wein") konzipiert wurde. Es handelt sich ausschließlich um harmonische Rieslingweine guter Lagen mit weniger als 9 Promille Säure in Spätlesequalität. Die Weine werden in Rheingauer Schlegelflaschen abgefüllt und tragen das Bildnis des Geheimrates Julius Wegeler auf dem Etikett.

Hausmarke

027wg Abb.: ho

Ein Begriff, der mit Qualität nichts zu tun hat – so genannte Hausmarken sind in der Gastronomie vor allem für Sekt und offene Weine sehr beliebt. Dafür lassen sich die Gastronomen von ihrem Lieferanten die Flaschen mit einem entsprechenden Etikett versehen oder führen die Angebote entsprechend auf den Speisekarten.

Liebfrauenmilch

Liebfrauenmilch oder auch Liebfraumilch, einst den Weinbergen um die Liebfrauenkirche in Worms entstammend, ist ein Typen-Qualitätswein aus den Rebsorten Riesling, Silvaner, Kerner oder Müller-Thurgau mit einem Mindestmostgewicht von 60° Öchsle. Kennzeichnend für die Liebfrauenmilch ist der milde, liebliche Geschmack. Die Liebfrauenmilch stammt nach dem Weingesetz von 1971 aus den Weinbaugebieten von Rheinhessen, des Weiteren aus der Pfalz, von der Nahe und aus dem Rheingau. Die Liebfrauenmilch wurde als deutscher Typenwein in erster Linie für den Export kreiert.

Der Rheinhess

Halbtrockener Qualitätstypenwein aus Rheinhessen, der als Verschnitt vorwiegend aus den Rebsorten Müller-Thurgau, Faber und Bacchus ohne Jahrgangsangabe vermarktet wird. Für diesen bukettbetonten süffigen Schoppenwein wird jedes Jahr ein neuer Leitwein bestimmt.

Riesling Hochgewächs

Zur Förderung des Rieslingsanbaus dürfen seit 1987 Rieslingweine derart bezeichnet werden, wenn ihr Lesegut bereits bei der Lese durch ein Kontrollverfahren 7° Öchsle mehr aufweist und bei der amtlichen Prüfung überdurchschnittlich bewertet wird.

RS – Rheinhessen-Silvaner

Zur Wiederbelebung des traditionellen trockenen Silvaners wurde in Rheinhessen RS als sortenreiner Qualitätstypenwein kreiert. Lage oder Gemeinde werden zwar nicht angegeben, aber der Jahrgang und der Erzeuger. Der elegante und ausgewogene RS-Silvaner mit frischer Säure und 11–12°Vol.-% Alkohol kommt mit einheitlich schwarz-gelbem Etikett auf brauner Schlegelflasche mit dem Schriftzug „RS“ auf den Markt.

Schillerwein

Ob von seinem Schillern oder vom Namen des Dichters Friedrich Schiller abgeleitet, ist nicht mehr nachvollziehbar – auf jeden Fall darf diese Bezeichnung nur in Württemberg für einen mindestens als Qualitätswein eingestuften Rotling verwendet werden. Meist handelt es sich um angenehme Kneipenweine.

Selection

Neu geschaffene Auszeichnung für trockene deutsche Weine der Spitzenklasse. Voraussetzung für

Bio-Weine

Für biologisch erzeugten Wein gibt es Synonyme wie ökologischer Weinbau, organischer Anbau, biodynamischer Anbau, Naturwein etc. Allen Begriffen gemeinsam ist, dass die Anbau-, Bearbeitungs- und Kellereiverfahren möglichst natürlich gestaltet sein sollen, um einerseits die Umwelt zu schonen, andererseits dem Verbraucher einen seinen Wünschen entsprechenden Wein anbieten zu können.

Die Kernelemente des biologischen Weinbaus sind:

- *Natürliche Schädlingsbekämpfung: Während des Wachstums werden den Rebpflanzen keine chemischen Schädlingsbekämpfungsmittel außer der „Bordelaiser Brühe" zugeführt, die aus Kupfervitriol, Kalk und Wasser besteht.*

- *Verzicht auf Kunstdünger: Als Ersatz für Kunstdünger kommen in erster Linie pflanzliche Dünger zum Einsatz, die tierischen Düngern vorgezogen werden.*

- *Verzicht auf Gärzusätze: Die Bio-Winzer beschränken sich für den Gärprozess des Weins auf die in ihm enthaltenen natürlichen Hefen. Der Gehalt an Schwefeldioxyd muss dabei so niedrig wie möglich gehalten werden.*

Dass der Anteil von Bio-Wein aus Deutschland immer noch niedrig ist, liegt unter anderem an dem durch die höheren Produktionskosten bedingten höheren Preis. Dennoch stellt Bio-Wein angesichts der immer wieder auftretenden Skandale in der Land- und Ernährungswirtschaft ein wachsendes Marktsegment dar - wenn die hierfür erforderlichen Voraussetzungen auch wirtschaftlich gegeben sind.

Insgesamt gesehen, haben verantwortungsvollere Produktionsmethoden auch im Weinbau zu wesentlich schonenderem Umgang mit der Umwelt geführt - hier sind die deutschen Winzer in der Europäischen Gemeinschaft durchaus führend. Eine große Anzahl von Winzern hat ihre Betriebe bereits auf die Erfordernisse eines umweltschonenden Anbaus umgestellt. Diesen Betrieben soll zukünftig die Möglichkeit eröffnet werden, auf ihren Flaschen den Hinweis „aus kontrolliert umweltschonendem Anbau" zu tragen.

diese Auszeichnung sind ausgewählte Standorte, begrenzter Ertrag und Handlese dieser Weine, die frühestens am 1. September des auf die Ernte folgenden Jahres abgefüllt werden dürfen.

Weißherbst

Als „Weißherbst" kann ein deutscher Roséwein bezeichnet werden, wenn es sich mindestens um einen Wein der Qualitätsstufe QbA handelt und er aus Trauben einer einzigen Rebsorte stammt. Bevorzugte Weißherbsttrauben sind neben dem Blauen Spätburgunder vor allem der Blaue Portugieser. Die Trauben werden wie Weißwein gekeltert, wobei unmittelbar nach der Lese die Trennung des Mostes von den Farbstoff enthaltenden Bälgen (Schalen) erfolgt. Dadurch wird der Wein nur blassrot gefärbt. Die klassischen Weißherbste sind vorwiegend mild und vollmundig.

Winzersekt

Eigener Sekt der Winzer wird als Winzersekt bezeichnet und unterliegt hohen Qualitätsanforderungen. Es muss sich mindestens um Qualitätsschaumwein (siehe „Qualität von Sekt und Wein") handeln, der im Flaschengärungsverfahren hergestellt wurde. Winzersekt muss aus den eigenen Grundweinen des Winzerbetriebes hergestellt worden sein.

Bezugsquellen

Die beiden bedeutendsten Bezugswege für Wein und Sekt sind der Einzelhandel und der Winzer selbst. Längst hat der **Handel** erkannt, dass er sich mit einem guten Weinsortiment profilieren kann und hat die Auswahl in seinen Supermärkten laufend vergrößert. Darüber hinaus etablierten sich in den letzten Jahren Weinspezialgeschäfte, die natürlich speziell in der Beratung kompetent sind. Und in der Regel kann man hier vor dem Einkauf die bevorzugten Weine probieren.

Am schönsten ist der Weineinkauf natürlich **beim Erzeuger** selbst. Vielleicht bekommt man ja einen Tipp aus dem Bekanntenkreis zu einem guten Winzer oder man schaut sich in den Weindörfern zunächst einmal die Aushänge der selbst vermarktenden Winzer an. Hilfreich sind auch spezielle Weinführer (siehe Anhang). Gerne zeigt der Winzer den Kunden seinen Betrieb und lässt sie die Weine probieren. Zudem kann der Erzeuger natürlich über seine eigenen Weine auch am besten Auskunft geben. Und vor allem ist die Fahrt zum Winzer in der Regel auch gleichzeitig ein Ausflug, denn die deutschen Weinanbaugebiete zählen mit ihrer Jahrhunderte langen Tradition zu den schönsten Teilen Deutschlands. Deshalb weisen wir bei der Beschreibung der einzelnen Weinregionen im hinteren Teil des Buches besonders auf Winzer mit Direktverkauf hin. Besteht ein Gutsausschank, erfolgt auch ein entsprechender Hinweis.

Traditionell bieten auch so genannte **reisende Weinhändler** die unterschiedlichsten Weine „von Tür zu Tür" an. Diese Verkaufsform hat angesichts des zunehmenden Angebots des Lebensmittelhandels und des attraktiveren Direktbezugs beim Winzer an Bedeutung verloren.

Des Weiteren sei auf die Insertionsangebote der **Weinversandhändler** hingewiesen, die oft ganzseitig und überwiegend in überregionalen Tageszeitungen ihre Weine anbieten – meist in der gehobenen Preisklasse. Vielfach bieten Händler auch Probierpakete an, nach denen man sich dann „seinen" Wein aussuchen kann.

012wg Abb.: rg

▶ *Stillleben mit Rheingauwein in der Rheingauflöte*

Wein genießen

Transport und Lagerung

Wein zu transportieren ist mit den heutigen Transportmitteln problemlos möglich. Die Transportbehältnisse, wie zum Beispiel der übliche 6er Karton, sichern den Wein für die Wegstrecke ab. Dennoch sollte man dem Wein nach dem Transport wieder die Chance geben, zur Ruhe zu kommen. Also erst eine geraume Zeit, mindestens ein paar Tage, besser ein paar Wochen nach dem Transport trinken.

Wenn der aus dem Urlaub mitgebrachte Wein in den eigenen vier Wänden enttäuscht, liegt das nicht unbedingt am Transport, sofern die erforderliche Wartezeit eingehalten wurde. Vielmehr haben sich die Rahmenbedingungen des Genusses geändert. Der Wein, in der Sonne am Pool getrunken, kann dann zu Hause fade schmecken!

Ist der Wein zu Hause angekommen, sollte er **produktgerecht gelagert** werden. Leider ist die moderne Architektur nicht sehr weinfreundlich. Keller haben keine atmungsaktiven, gestampften Lehmböden mehr: Überall hat Beton Einzug gehalten. Heizungen im Keller machen die Luft zu trocken und zu warm. Doch Styroporplatten an den Wänden und unter den Decken können isolierend helfen und fehlende Luftfeuchtigkeit lässt sich durch offene, mit Wasser gefüllte Gefäße, die man im Weinkeller abstellt, regulieren.

So sollte der Weinliebhaber nicht verzagen und sich für seinen Hausbedarf einen **Vorrat anlegen.** Die Vielfalt deutscher Weine, passend zu jeder Gelegenheit, bietet sich hierfür geradezu an. Dabei sollte darauf geachtet werden, dass der Wein kühl gehalten und dabei auch keinen Temperaturschwankungen und Fremdgerüchen ausgesetzt wird. Verkorkte Flaschen müssen liegend aufbewahrt werden, damit der Korken nicht austrocknet.

Korken oder Schraubverschluss?

Bei wem ist nicht schon einmal der Korkgeschmack am Wein vorgekommen, der den ganzen Genuss verderben kann. Woran so etwas liegt, ist leicht zu erklären. Schimmelpilze im Kork bauen Chlorverbindungen aus dem Umfeld zu Trichloranisol (TCA) um, das dann als Muff- und Moderton wahrgenommen wird. Die Pilze können schon von der Korkeiche stammen, wenn der Kork nicht richtig getrocknet und sterilisiert wurde.
Das Problem mit dem Korkgeschmack hat in der zurückliegenden Zeit beträchtlich zugenommen. Die Rohstoffverknappung ist ein Grund dafür, dass auch minderwertigere Rinden der Korkeichen verwendet werden.
Die Korkindustrie arbeitet gemeinsam mit der Weinwirtschaft an neuen Verfahren der Korkenherstellung, unabhängig davon, ob Ersatzverschlüsse wie Schraubverschluss oder Plastikkorken verstärkt zum Einsatz kommen. Bei sorgfältigerer Handhabung des Rohstoffs und durch Mikrowellenbestrahlung sollen Schimmelpilze beseitigt werden, so dass der Korkgeschmack nicht mehr auftreten kann.
Der große Vorteil des Korkens gegenüber dem Schraubverschluss besteht darin, dass er den Wein atmen lässt. Insofern sollten vor allem hochwertige Weine, die erst nach Jahren ihre Genussreife erreichen, mit einem Korken verschlossen sein. Für frisch zu trinkende Weine ist der Schraubverschluss also keinesfalls von Nachteil.

Der **ideale Trinkzeitpunkt** ist bei Weinen übrigens sehr unterschiedlich. Die Lebenserwartung eines Weines aus säurereichen Rebsorten ist höher als bei Sorten mit verhaltener Säure. Tafelweine sollten alsbald getrunken werden und mit der neuen Ernte verbraucht sein. Qualitätsweine genießt man am besten noch relativ jung und frisch. Kabinettweine und Spätlesen sollte man schon etwas länger pflegen, damit sie sich voll entwickeln können. Auslesen und Beeren wie auch Trockenbeerenauslesen und gar erst Eisweine erreichen ihre volle Reife erst nach Jahren.

Die Weinprobe

Trotz aller Rahmenrechtsgebungen über die Qualität von Wein und seine Auslobung auf den Etiketten ist letztendlich doch der persönliche Geschmack ausschlaggebend für seine Beurteilung. Eine solche Sinnenprobe, auch „Degustation" genannt, kann im privaten Freundeskreis ausgesprochen reizvoll sein. Um die Gäste nicht zu überfordern, sollten nicht mehr als zehn Weine dargeboten werden. Die Weine werden verdeckt angeboten. Kein Gast darf also vorher ein Etikett sehen. Zur Probe werden die Gläser höchstens zu einem Drittel gefüllt, so dass eine Flasche für mindestens 15 Gläser reicht. Alle zu probierenden Weine sollen wenigstens drei Tage vorher ruhig gelegen haben. Die Kosttemperatur von Weißweinen liegt bei 12 bis 14 °C, die von Rotwein bei etwa 16 bis 18 °C. Und dann sollen die Gäste zum Beispiel Herkunft oder Rebsorte angeben ...

Übrigens: Professionelle Weinverkoster müssen über hundert Weine täglich prüfen!

Die richtige Trinktemperatur

Jeder Wein braucht eine bestimmte Trinktemperatur, um seine Aroma- und Geschmacksstoffe voll zur Entfaltung zu bringen. Zu kühle Weine halten Geschmack zurück, zu warme Weine verlieren ihre anregende Frische. Die angemessene Trinktemperatur sollte dabei langsam erzielt werden. Weißweine sollte man am besten drei Stunden vor dem Servieren in den Kühlschrank legen, Rotweine holt man schon am Vortag aus dem Keller, um ihnen Zimmertemperatur zu geben. Folgende Faustregeln lassen sich über die ideale Trinktemperatur der unterschiedlichen Weine aufstellen:

- **Junger, leichter Weißwein** (Riesling Kabinett): 9 bis 11 °C
- **Reifer, kräftiger Weißwein** (Weißburgunder Spätlese): 11 bis 13 °C
- **Roséwein, Weißherbst, Rotling, Schillerwein** und **Badisch Rotgold:** 9 bis 13 °C
- **Jugendliche, leichte Rotweine** (Portugieser oder Trollinger): 14° bis 16 °C
- **Reife, gehaltvolle Rotweine** (Spätburgunder Spätlese): 17 bis 19 °C
- **Gehaltvolle und gerbstoffbetonte Rotweine** (Barrique): 20 bis 22 C°

Das richtige Glas

Um in den richtigen Genuss des Weins zu kommen, bedarf es auch des richtigen Glases. Der Einfluss des Glases auf den Sinneseindruck eines Weins ist nämlich viel größer als gemeinhin angenommen wird.

Allgemein serviert man **Weißweine** in schlankeren, kleineren Gläsern als **Rotweine.** Für **Dessertweine** nimmt man kleine Gläser, für **Schaumweine** Sektgläser.

Dünnwandiges Glas fühlt sich an den Lippen gut an und eignet sich, um sowohl Farbe als auch Klarheit des Weins beurteilen zu können. Ein langer Stil sieht vielfach besser am Glas aus, liegt besser in der Hand und verhindert die Erwärmung des Glases.

Schlichtes Design ist zu bevorzugen, denn Golddekor, geschliffene Ornamente und farbiges Glas lenken nur vom Wein ab. Eine gute Qualität ist auch beim Glas gefordert, denn beim Anstoßen soll es sauber, hell und lang anhaltend klingen.

Nachfolgende Gläserempfehlungen können gegeben werden, um das sinnliche Erlebnis des Weingenusses zu vervollkommnen:

Weißweinglas

Rotweinglas

Henkelglas

Ahrglas

Sektkelch

- **Leichte Weißweine:** Glas mit tulpenförmigem Kelch. Der Kelch soll sich zur Öffnung leicht verjüngen, damit der Duft des Weins gebündelt wird.
- **Roséweine:** Glas mit kleinem Kelch und ausgestelltem Mundrand. Beim Trinken nimmt die Zunge so die fruchtigen Aromen und das feine Säurespiel besser wahr.
- **Rotweine:** Der klassische Rotweinkelch. In seiner schlanken Form werden die Aromen fruchtbetonter Rotweine konzentriert und können sich intensiv entfalten. Älteren Rotweinen lässt dieses Glas genügend Platz, damit sich ihr Bukett gut entwickeln kann.
- **Schwere Rotweine:** Großvolumiges Glas mit breitem Kelch. Hier hat der Wein Luft zum Atmen und es gibt ausreichend Kontaktfläche zum Luftsauerstoff zur Entfaltung der Aromen-Vielfalt.
- **Viertele:** Schwäbisches Henkelglas. Das richtige Glas für gemütliche Runden.
- **Schorle:** Glas mit kompaktem Stiel und hohem, tulpenförmigen Kelch. Für das perfekte Mischungsverhältnis von zwei Dritteln Wein und einem Drittel Wasser.
- **Sekt:** Ein schlanker, hochgezogener Kelch, in dem das Perlenspiel schön zur Geltung kommt und sich feine Aromen vor der Öffnung konzentrieren können. Auch die Schale ist geeignet, denn Sekt soll frisch getrunken werden.

Auserlesene Rotweine sollten vor dem Servieren durch Umfüllen in eine Karaffe dekantiert werden. Mit dem Begriff **Dekantieren** (franz. = décanter) wird das Abgießen einer Flüssigkeit von ihrem festen Bodensatz beschrieben. Gerade bei guten, lang gelagerten Rotweinen bildet sich in der Flasche ein Depot aus geschmacklosen Weinkristallen und ausgeflockten Gerb- und Farbstoffen. Das Umfüllen in eine Karaffe bewirkt, dass der Bodensatz in der Flasche zurückbleibt. Jüngere Weiß- und Rotweine sollen durch Dekantieren gezielt mit Luftsauerstoff versorgt werden, damit sie sich so voll entfalten können.

Moussierpunkt
Bei Sektgläsern sollte man übrigens darauf achten, dass am Glasboden eine kleine aufgeraute Stelle eingearbeitet ist. Dieser so genannte Moussierpunkt unterstützt das Perlen des Sektes zusätzlich.

Wein und Speisen

Die Weinfolge

Welcher Wein zu welchem Essen? Noch vor über hundert Jahren war dies streng geregelt. Damals galt die **klassische Weinfolge:** Sherry, Weißwein zu Fisch, Champagner zum Zwischengericht, Rotwein zum Braten, Sekt oder Champagner zur Süßspeise und Portwein zum Käse.

Diese Regel der klassischen Weinfolge wird längst nicht mehr so streng gesehen – es hat sich ja auch unsere Kostform geändert. Moderne Ernährung ist vielfältig, internationaler, weniger üppig. Da muss auch der Wein, der zur zeitgemäßen Speisenfolge gereicht wird, entsprechend ausgewählt werden.

Die Weinfolge wird **heute** viel individueller, mehr am persönlichen Geschmack ausgerichtet. Dennoch gibt es Empfehlungen darüber, welcher Wein mit welcher Speise am besten harmoniert. Der Wein sollte den Geschmack der Speisen unterstreichen, aber nie überdecken und er sollte vorrangig auf den geschmacksbestimmenden Teil der Speise abgestellt sein: bei intensiver Sauce eben auf diese Sauce, bei gegrilltem Fleisch eben auf dieses Fleisch. Natürlich setzt eine richtige Weinfolge eine durchdachte Speisenfolge voraus. Vereinfacht gesagt gilt für die Speisenfolge zart vor würzig, leicht vor kräftig und leicht salzig vor mild oder süßlich. Für den Wein gibt es dazu die nachfolgenden Anregungen:

- Leichten Wein gibt es vor gehaltvollem Wein.
- Trockenen, herben Wein gibt es vor süßem, mildem Wein.
- Trockenen Weißwein gibt es vor Rotwein.
- Rotwein vor dem süßen Weißwein.
- Weißwein vor Rosé oder Weißherbst.
- Jüngere Weinjahrgänge kommen vor älteren Jahrgängen.

Unterschieden nach Rebsorten kann man zum Beispiel empfehlen: Gutedel oder Silvaner zuerst zu servieren, gefolgt von Müller-Thurgau, Riesling, Ruländer und den Bukettsorten Scheurebe oder Morio-Muskat. Den Höhepunkt eines Menüs kann eine Beeren-/Trockenbeerenauslese oder gar ein Eiswein bilden.

Kulinarisches rund um Wein

So wie die Vielfalt die Besonderheit des deutschen Weins ausmacht, baut auch die deutsche Küche ganz auf ihrem regionalen Reichtum auf. Die deutschen Weinregionen sind die Gebiete Deutschlands mit den intensivsten Kulturtraditionen und so verwundert es auch nicht, wenn von hier aus die Impulse für die Neue Deutsche Küche ausgingen. Diese ist ganz den Ess- und Trinkgewohnheiten der Regionen verpflichtet, passt die Gerichte aber zeitgemäß den modernen Lebensumständen der Menschen an.

Angesichts der vielen neuen Geschmackserlebnisse durch die ethnischen Küchen in Deutschland erstaunt die Rückbesinnung auf die tradierten Köstlichkeiten der deutschen Regionen nicht. Dabei spielt die neue Harmonie von Essen und Trinken eine große Rolle. Dieses neue Zusammenspiel der Sinne schöpft ganz wesentlich seine Kraft auch aus den neuen deutschen Weinqualitäten.

Kulinarisch standen die Weinregionen schon immer an der Spitze. Im „Goldenen Dreieck" von Mittelrhein, Ahr und Mosel greift diese Tradition schon über zwei Jahrtausende zurück. Die Franken übernahmen hier nach der Übergangsepoche der Völkerwanderungszeit die römischen Vorbilder, die dann von den Klöstern weiter gepflegt wurden. Gerade den Klöstern kam nicht nur die Vorreiterrolle beim Weinbau zu, sondern auch beim Essen. Welche Erfindungsgabe bewiesen die Mönche, um sich auch den Fastenalltag kulinarisch zu gestalten! Alleine schon um die fleischlose Zeit zu überbrücken, hatte jedes Kloster seine eigene Fischzucht. Und wenn das alte Sprichwort sagt „Fisch muss schwimmen!", so ist damit nicht das Wasser gemeint.

Im Bereich des Rheinknies zwischen Rheingau und Hessischer Bergstraße, Nahe und Rheinhessen, dem Herzstück des deutschen Weins, haben die Klöster am nachhaltigsten den Weinbau betrieben. Kloster Eberbach am Taunusrand verfügte damals über eines der führendsten und größten Weingüter!

In der Pfalz sind die eher herzhaften Traditionen ausgeprägt. Wer allerdings glaubt, hier nur den Saumagen vorzufinden, irrt gewaltig. „Herzhaft verfeinert" heißt hier die neue Devise und die entsprechenden Weine werden auch dazu angeboten.

Der schwäbisch-alemannischen Küche aus Baden und aus Württemberg kommt zweifelsohne das große Verdienst zu, die Vorreiterrolle für die Neue Deutsche Küche gespielt zu haben. Man reicht hier die richtigen Weine zum allerfeinsten Spargel, zu Fleisch-, Wild- und Fischgerichten und die richtigen Schoppen für die Vesperplatte. Gleichermaßen gibt es hier Bodenständiges wie Käsespatzen, Maultaschen, Rippchen oder die Schlachtplatte und auch feinste Pasteten, herrliche Schinken.

Die beste Symbiose von Fisch und Wein haben wahrscheinlich die Franken mit ihren Forellen und trockenen Silvanern gefunden. Nicht zu vergessen die Würste. In Franken werden sogar Bratwürste als „Blaue Zipfel" im Weinsud angeboten.

Die ostdeutschen Weinbauregionen verfügen zwar nicht über die römische Tradition, hier haben die Klöster aber gleiches geleistet wie im Westen auch. Ohne die Klosterkultur gäbe es keinen Weinbau in Thüringen und Sachsen. Während in Thüringen die eher herzhaften Genüsse im Vordergrund stehen – zum Beispiel die leckeren Rostbratwürstchen – kann Sachsen als das Gebiet der „Süßmäuler" gelten. Von dort stammt nicht nur der Dresdner Christstollen, sondern auch die Eierschecke, ein Quarkkuchen mit einer duftigen, lockeren Creme über sahniger Quarkmasse. Und natürlich darf man hier den Bienenstich in den Kaffee „ditschen" …

Alkoholarme Weine

Wer seine Alkoholaufnahme begrenzt halten will, dem sei empfohlen, insbesondere die alkoholschwächeren Weine zu bevorzugen. Gerade das deutsche Angebot bietet hier mit seinen vielseitigen Kabinett-Weinen eine besonders reichhaltige Auswahl.

Wein und Gesundheit

Seit der Antike führt der Wein ein Leben zwischen Medizin und Sünde. Das Thema „Alkohol" ist nun einmal so emotionsgeladen wie kaum ein anderes. Schrecklich sind die Auswirkungen der grenzenlosen Sucht, wenn aus dem Genuss Krankheit geworden ist. Dabei ist Wein nicht nur ein Genussmittel, sondern auch ein Nahrungsmittel.

Die positiven Inhaltsstoffe des Weins können sich nur dann zum Vorteil auswirken, wenn der Wein in

Maßen genossen wird. Ernährungswissenschaftler wie Nicolai Worm, der sogar ein Buch unter dem Titel „Täglich Wein" geschrieben hat, empfehlen zwei bis drei Glas täglich für einen männlichen Erwachsenen und ein bis zwei Glas täglich für einen weiblichen Erwachsenen.

Zum Beispiel findet man im Wein die Phenole, organische Verbindungen, zu denen auch die Gerb- und Farbstoffe gehören. Sie senken die Thromboseneigung, regulieren den Cholesterinspiegel und wirken gefäßentspannend und -erweiternd.

Auf die Schutzwirkungen des Weins vor Herz- und Kreislauferkrankungen wird immer häufiger in der wissenschaftlichen Literatur hingewiesen. Die Verdauungsorgane werden durch Weingenuss angeregt. Die Blutzirkulation wird angeregt, das Atmungsvolumen erhöht. Wein wirkt durchblutungsfördernd. Das Hormonsystem wird angeregt, der Harnfluss gesteigert. Das Immunsystem wie auch das Nervensystem werden gestärkt. Dies ist nur ein Auszug aus der Liste positiver Wirkungen eines mäßigen, aber regelmäßigen Weinkonsums.

Die Inhaltsstoffe des Weins

Wie die meisten Nahrungsmittel besteht Wein überwiegend aus Wasser. „Nur" 15 % bis 20 % seiner Inhaltsstoffe sind relevant. Die Zusammensetzung dieser Inhaltsstoffe hängt von der Traubensorte, vom Reifegrad der Trauben, dem Jahrgang, dem Boden, der Düngung, dem Klima und von der Art der Weinbereitung ab. Neben Alkohol, Zucker, Säuren und Aromastoffen haben noch die Mikronährstoffe gesundheitliche Bedeutung.

Die Mikronährstoffe setzen sich aus Vitaminen, Mineralien und Spurenelementen zusammen. Im Wein sind Vitamine der B-Gruppe sowie Vitamin C vorhanden. Unter den Mineralstoffen und Spurenelementen sind vor allem Kalium und Magnesium sowie Eisen, Kupfer und Mangan erwähnenswert.

Mit einem Viertelliter Weißwein werden beispielsweise 12 % der wünschenswerten Tageszufuhr an Kalium abgedeckt, 10 % an Magnesium, 10 % an Eisen, 10 % an Kupfer und 20 % an Mangan. Dazu kommen 17 % des täglichen Bedarfs an Vitamin C sowie 7 % an Vitamin B6.

046wg Abb.: ho

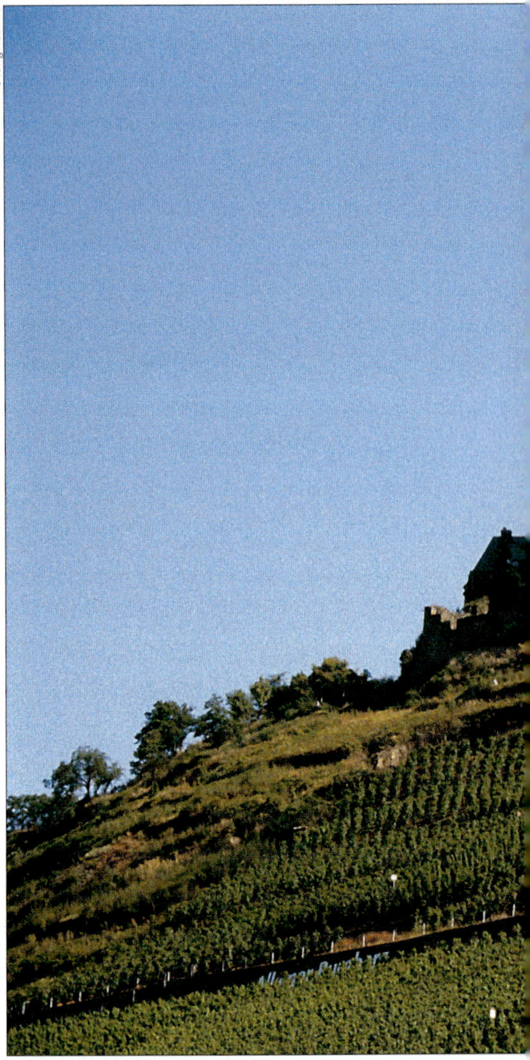

Die deutschen Weinanbaugebiete

Überblick

Es gibt in Deutschland an die 70.000 Winzer, die auf einer Fläche von etwas über 100.000 Hektar jährlich bis an die 12.000.000 Hektoliter Wein erzeugen. International gesehen zählt Deutschland damit nicht zu den großen, ist aber ganz sicherlich eines der traditionsreichsten Weinbauländer.

Die deutsche Weinproduktion verteilt sich auf dreizehn Anbaugebiete ganz unterschiedlicher Größenordnung. Zwei davon sind durch die Wiedervereinigung aus der ehemaligen DDR hinzugekommen. Diese Anbaugebiete an Saale, Unstrut und Elbe sind die nördlichsten in Deutschland.

Die Herkunft eines Weins aus einem deutschen Anbaugebiet wird gesetzlich durch die geografisch umrissenen Ursprungsgebiete geschützt. Der Schwerpunkt der deutschen Weinerzeugung liegt, trotz der Erweiterung um die neuen Bundesländer, nach wie vor im Südwesten. Die günstigen Standorte, auf denen die Rebflächen sich konzentrieren, sind die Flusstäler des Rheins und seine Nebenflüsse mit ihren Einzugsgebieten. Jedes einzelne Weinbaugebiet zwischen Rhein und Elbe hat dabei seinen eigenen, unverwechselbaren Charakter und ist meist noch in einzelne Bereiche unterteilt.

Land	***Rebfläche 1000 ha***	***Weltanteil***	***Produktion Mio hl***	***Weltanteil***
Spanien	*1180*	*15,1 %*	*33*	*12 %*
Frankreich	*900*	*11,7 %*	*53*	*20 %*
Italien	*900*	*11,5 %*	*52*	*20 %*
Türkei	*600*	*7,7 %*	*...*	*...*
USA	*360*	*4,7 %*	*21*	*8 %*
...				
Deutschland	*105*	*1,4 %*	*12*	*4 %*

Gebiet	Fläche ha	Ertrag 1000 hl
Ahr	510	50
Mittelrhein	520	70
Mosel-Saar-Ruwer	11.520	900
Nahe	4430	410
Rheingau	3415	323
Hessische Bergstraße	460	40
Rheinhessen	25.600	2900
Pfalz	22.610	2300
Baden	15.560	1300
Württemberg	11.030	940
Franken	5600	410
Saale-Unstrut	620	40
Sachsen	410	20

Lagen – Großlagen – Bereiche

Gliederung

Die kleinste Rebfläche, die das Weingesetz kennt, ist die **Lage,** eine umgrenzte, in der ↗Weinbergrolle eingetragene Fläche in einer Gemeinde oder Gemarkung, vergleichbar dem Flurnamen in der Landwirtschaft. Bei den Lagennamen handelt es sich in der Regel um Bezeichnungen, die kulturgeschichtlich und besonders weinspezifisch aufschlussreich sind und auf die lange Tradition des regionalen Weinbaus zurückgeführt werden können.

Weinbergrolle
Mit Inkrafttreten des deutschen Weingesetzes im Jahre 1971 wurde auch die Weinbergrolle eingeführt. Darin sind die Grenzen und Flächen der Weinlagen erfasst. Nur Weine aus erfassten Lagen dürfen auch vermarktet werden.

Die **Lagenbezeichnung auf dem Weinetikett** ist kein Qualitätshinweis, sondern weist zunächst „nur" die Herkunft aus. Aber mit dem 1971 vollzogenen deutschen Weingesetz er-

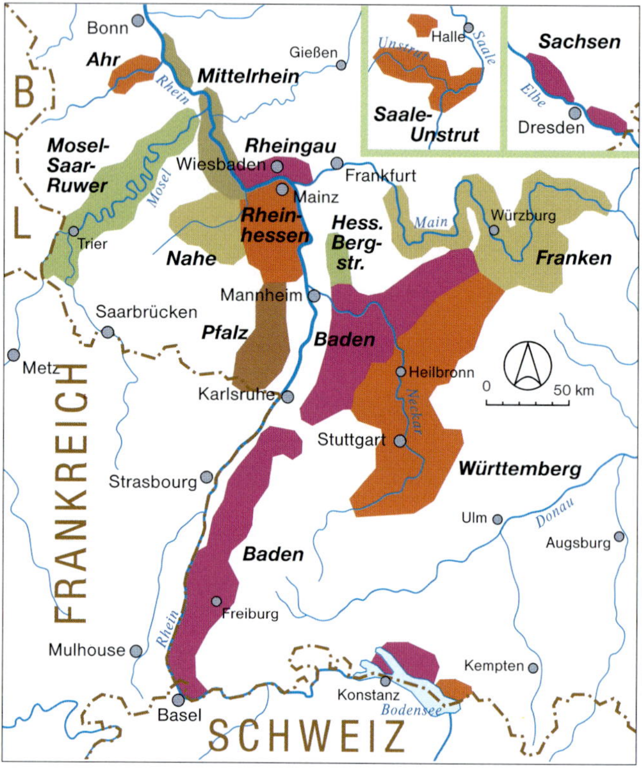

folgte eine Konzentration auf etwa 2500 Lagenbezeichnungen, wodurch die Herkunft des Weins außerordentlich aufgewertet wurde. Danach dürfen Qualitätsweine sogar nur noch mit ihrer Herkunftsbezeichnung vermarktet werden und das zu Recht, denn gerade für den deutschen Wein spielt eine solche Angabe im Hinblick auf die Vielfalt der topografischen und klimatischen Bedingungen eine viel größere Rolle als in anderen Anbaugebieten.

Nach dem Gesetz muss Qualitätswein mit einer Lagenangabe zu mindestens 85 Prozent aus der namensgebenden Lage stammen. Im Übrigen sieht das Weingesetz auch vor, dass mit dem Namen der Einzellage auch der der Großlage genannt wird, zusammen mit dem des Ortes, in dessen Gemarkung der jeweilige Weinberg liegt. Ausgenommen davon sind nur die traditionsreichen Weingüter, deren Namensangabe an sich schon Qualitätshinweis genug ist wie etwa Schloss Vollrads oder Schloss Johannisberg.

Einzellage beim Kauf
Da manche der Einzellagen recht klein sind, gibt es von solchen Lagen auch nur geringe Mengen Wein. Es empfiehlt sich daher, beim Kauf von Wein aus Einzellagen immer auch auf die Großlage zu achten. Sollte dieser Wein ausverkauft sein, kann man sich immer noch mit anderen Weinen aus der gleichen Großlage bevorraten.

Eine **Großlage** ist die Zusammenfassung mehrerer Einzellagen mit ähnlichen Vegetationsbedingungen, auf denen Weine gleicher Art und von gleichem Wert kultiviert werden.

Aus mehreren Großlagen entsteht der **Bereich** als Untergliederung der einzelnen Anbaugebiete. Im jeweiligen Weinbaubereich werden Weine gleichartiger Ausprägung aus nahe beieinander gelegenen Gemeinden desselben „bestimmten Anbaugebietes“ hergestellt.

Bereichsnamen können für Qualitätsweine verwendet werden, wobei 85 Prozent der Trauben aus diesem Raum stammen müssen. Für die Verwendung von Bereichsnamen für Qualitätsweine mit Prädikat müssen alle Trauben aus diesem Raum kommen.

Ahr

Überblick

Klein aber fein – und rot! Das ist das kleine Weinbaugebiet am Mittel- und Unterlauf der Ahr zwischen Kreuzberg oberhalb von Altenahr und Lohrsdorf kurz vor Sinzig in der Nähe der Einmündung der Ahr in den Rhein. Hier werden auf weniger als 500 Hektar Rebfläche überwiegend Rotweine angebaut. Das gesamte Weinanbaugebiet wird von der Großlage Klosterberg des **Bereichs Walporzheim/Ahr** mit 43 Einzellagen eingenommen.

Im tief eingeschnittenen mittleren Ahrtal wächst unter dem Klimaschutz der Voreifeler Ahrberge der Wein überwiegend auf Steilhängen mit Vulkan- und Schieferböden, die die Wärme in idealer Weise speichern. Die schroffen Felswände und der Terrassenanbau gehen mit der unteren Ahr und ihrer gartenartigen Hügellandschaft in leicht gewellte Weinberge über.

▲ *Blick auf den Weinort Dernau im Ahrtal*

Weine von der Ahr

Die Spitzenqualitäten an **Spätburgunder- und Portugieserweinen** von der Ahr sind heute gesuchte Raritäten. Eine besondere Spezialität sind Weine des **Frühburgunders,** eine frühreife und körperreiche Mutation des Spätburgunders. Neben den begehrten Rotweinen wissen die Kenner auch die **Müller-Thurgau-Weine** und Rieslingsweine von der Ahr zu schätzen. Diese frischen und rassigen Tropfen werden aber überwiegend in der Region selbst getrunken.

Geschichte

An der Ahr geht der Weinbau auf die Römerzeit zurück. Die heute so malerisch im Tal gelegenen Winzerorte werden bereits im 9. Jh. urkundlich erwähnt. Im 19. Jh. war das Ahrtal, wie die angrenzende Eifel, eines der Armenhäuser des Deutschen Reichs mit hoher Auswanderungsquote. Um den ortsansässigen Winzern das Überleben zu erleichtern, wurde 1868 die erste deutsche Winzergenossenschaft in Mayschoß an der Ahr gegründet. Nach dem Zweiten Weltkrieg ging es mit dem aufkommenden Tourismus bergauf. Die Weinerzeugung zog nach und heute kann man die nachhaltigsten Qualitätsbemühungen an der Ahr feststellen.

Sehenswürdigkeiten

Eine Reise entlang der Ahr beginnt in **Sinzig** mit der Pfarrkirche St. Peter, einer Emporenbasilika (Kirche mit Mittelschiff und zwei niedrigeren Seitenschiffen), die maßgeblich für die weitere Entwicklung der spätromanischen Kirchen im Rheinland ist.

Auf dem Weg nach Bad Neuenahr flussaufwärts erhebt sich rechts ein markanter Vulkankegel, auf dem oberhalb der Weinberge die Reste der **Reichsburg Landskron** zu finden sind, die 1206 von Philipp von Schwaben errichtet wurde. Hier führte nämlich die Aachen–Frankfurter–Heerstraße entlang – eine der wichtigsten Verkehrsadern des Heiligen Römischen Reiches Deutscher Nation.

Bad Neuenahr ist mit seinen Thermalquellen weithin bekannt. Prächtig ist das neobarocke Kurhaus mit dem Spielkasino

Ahrweiler, heute eingemeindet, hat einen wunderschön erhaltenen Altstadtkern mit vollständiger mittelalterlicher Stadtmauer und ihren Stadttoren. Die Pfarrkirche St. Laurentius ist das früheste Beispiel einer Hallenkirche im linksrheinischen Gebiet. Als man die Ortsumgehungsstraße von Ahrweiler am Rand der Weinberge baute, stieß man auf römische Hinterlassenschaften. Heute sind die Reste und gut erhaltenen Fundamente dieser **Römervilla** am Silberberg überdacht und können wie ein Museum besichtigt werden.

Das eigentliche Engtal der Ahr beginnt flussaufwärts von Ahrweiler und führt unter Windungen mit immer neuen Ausblicken bis Altenahr. Hier reihen sich die Winzerdörfer aneinander. Die wichtigsten sind **Walporzheim, Marienthal, Dernau, Rech** und **Mayschoß.**

In **Marienthal** (in dessen Bergen sich einst der Atombunker der Bundesregierung befand, den heute keiner mehr haben will) steht das im 18. Jahrhundert im wesentlichen umgebaute Augustinerinnenkloster, in dem heute die Staatliche Weinbaudomäne untergebracht ist. Von der dazu gehörenden Klosterkirche sind nur noch Reste der Wände erhalten.

In **Rech** überquert eine 1759 gebaute Schieferbrücke mit dem Standbild des Heiligen Nepomuk die Ahr.

Oberhalb von Mayschoß erheben sich die Überreste der **Saffenburg,** Sitz des gleichnamigen Geschlechts seit dem 12. Jahrhundert – die Franzosen schleiften sie 1704.

▲ *Klosterruine Marienthal an der Ahr*

In **Altenahr** weitet sich das Tal wieder, idealer Standort für die **Burg Are,** die von den Grafen Are erbaut und erstmals 1121 erwähnt wurde. Auch diese Burg wurde in der Franzosenzeit gesprengt, aber es sind noch interessante Reste vorhanden. Vor allem soll die um 1200 gebaute doppelstöckige Burgkapelle Erwähnung finden, wo das Gesinde im Erdgeschoss Platz fand und das Obergeschoss der Herrscherfamilie vorbehalten war. Die Ortskirche Mariä Verkündigung ist ein klassisch romanischer Bau aus dem Jahre 1166.

Ein Stück weiter flussaufwärts, dort wo die Weinberge zu Ende gehen, erhebt sich als einzig erhaltene Festungsburg **Schloss Kreuzberg** auf einem steilen Felsen. Nach Zerstörung im 17. Jahrhundert wurde sie wieder errichtet.

Deutschlands bekanntester Wanderweg führt auch an der Ahr entlang: der **Rotweinwanderweg.** Auf einer Streckenlänge von 35 Kilometern verbindet er die Weinbergterrassen oberhalb der Ahr miteinander. Zwischen Walporzheim und Ahrweiler ist der Rotweinwanderweg übrigens als **Weinlehrpfad** mit 31 Texttafeln ausgebaut.

Wein-Tipps von der Ahr

Information

- ***Touristik-Service Ahr, Rhein, Eifel,*** *53474 Bad Neuenahr-Ahrweiler, Markt 11, Tel. (02641) 9 77 73 - 0, Fax -73, E-Mail: info@tour-i-center.de, www.ahr-rhein-eifel.de*

Winzer

- ***Weingut Meyer-Näkel ***,*** *53507 Dernau, GV n. Vereinbarung, Gutsausschank „Hofgarten", Tel. (02643) 16 28*
- ***Weingut Deutzerhof-Cossmann-Hehle **,*** *53508 Mayschoß, GV nach Vereinbarung, Tel. (02643) 72 64, www.weingut-deutzerhof.de*
- ***Weingut J.J. Adeneuer *,*** *53474 Ahrweiler, GV, Tel. (02641) 3 44 73*
- ***Brogsitters Weingut Domherrenhof,*** *53501 Grafschaft-Gelsdorf, GV, Restaurant Sanct Peter, Tel. (02225) 91 81 11, www.brogsitter.de, mit Gasthaus Sanct Peter (s. u.)*
- ***Weingut Kreuzberg *,*** *53507 Dernau, Benedikt-Schmittmannstraße 30, GV, Straußwirtschaft, Tel. (02643) 16 91, www.weingut-kreuzberg.de*
- ***Winzergenossenschaft Mayschoß-Altenahr,*** *02643 Mayschoß, Direktverkauf, Tel. (02643) 9 36 00, www.winzergenossenschaft-mayschoss.de*
- ***Weingut Nelles *,*** *53474 Heimersheim, Göppinger Straße 13a, GV, Restaurant Nelles, Tel. (02641) 2 43 49*
- ***Staatliche Weinbaudomäne Marienthal,*** *53507 Marienthal, GV, Klosterstraße 3, E-Mail: slva-av @ agrarinfo.rpl.de*

Essen und Trinken

- ***Hohenzollern ***,*** *53474 Ahrweiler, Tel. (02641) 97 30*
- ***Gasthaus Sanct Peter ***,*** *53474 Walporzheim, Tel. (02641) 77 50*
- ***Lochmühle **,*** *53508 Laach, Tel. (02643) 9 80 80*
- ***Steinheuers L'Art de Vivre-Restaurant ****** *und* ***Landgasthof Postuben **,*** *53474 Heppingen, Landskroner Sraße 110, Tel. (02641) 9 48 60*

Weinfeste

- ***Ahrweiler:*** *Pfingsten Gebietsweinfest mit Wahl der Weinkönigin, erstes Wochenende September Winzerfest*
- ***Dernau:*** *Letztes Wochenende September Weinfest mit Umzug am Sonntag*

030wg Abb.: ho

Mittelrhein

Überblick

Dort, wo Deutschland am romantischsten ist, wo die amerikanischen Touristen in Entzücken ausbrechen, wenn sie das mit Burgen nur so gespickte Mittelrheintal besuchen, dort wachsen edle Weine, auf die Kenner besonderes Augenmerk legen. Burgnamen wie Stahleck, Sooneck, Schönburg, Marksburg, Fürstenberg, Hammerstein, Pfalzgrafenstein sind aufs Engste mit dem Wein verbunden ...

Die mittelrheinischen Weinberge reichen rechts des Flusses von Kaub bis Niederdollendorf, auf der linken Seite von Trechtingshausen bis Koblenz. Steil sind hier die Hänge, bis zu 300 Meter tief ist die Talsohle. Ebenso eingeschnitten wie das Mittelrheintal sind die Täler der wichtigsten Nebenflüsse – von rechts sind dies die Lahn und ganz im Norden die Sieg, links sind es Nahe, Mosel und Ahr.

▲ *Burg Gutenfels oberhalb von Kaub*

Wein vom Mittelrhein

Vielgestaltig sind die Bodenverhältnisse am Mittelrhein, aufwändig, aber im Ergebnis gut, sind die Steillagen. Hier werden kernige, süffige, saftige und oft frische Weine erzeugt, die auch gerne als Sektgrundweine Verwendung finden. Der größte Teil der Mittelrhein-Weinberge ist mit der edlen, rassigen, kräftigen und langlebigen Rebsorte **Riesling,** die hier ein gebietstypisches Bukett entwickelt, bepflanzt. **Müller-Thurgau** konnte sich in jüngster Vergangenheit auf den unteren Terrassenlagen ausbreiten und bringt elegantere und spritzigere Weine als in manch anderen Gebieten hervor. Rotweine spielen nur eine untergeordnete Rolle.

Geschichte

Nachdem die Römer auch vom Mittelrhein abgezogen waren, stammen die ersten frühmittelalterlichen Beurkundungen des Weinbaus aus dem Jahre 643 aus Boppard. Um das Jahr 1900 wurden am Mittelrhein noch 2000 Hektar Weinfläche bewirtschaftet, heute sind es noch 750 Hektar. Die aufwändige Arbeit in den steilen Terrassen ist einfach zu kostenträchtig geworden.

Die vorherrschenden **Böden** sind aus Schiefer- und Grauwackenverwitterung entstanden. Im nördlichsten Teil des Mittelrheins gibt es an den Hängen des Siebengebirges auch Böden vulkanischen Ursprungs. Kleinere Lössinseln sind über das gesamte Gebiet verteilt.

Typisch für die mittelrheinische Rebkultur ist der **Terrassenanbau** an manchmal beinahe senkrecht aufstrebenden Steilhängen, wo das Kleinklima in windarmen, von Taunus, Hunsrück und Westerwald geschützten Lagen – mit dem Rhein als Wärmespeicher und Ausgleichsfaktor – für den Rebwuchs besonders günstig ist. Hier schmiegen sich die Terrassen an die Süd-, Südwest- und Westhänge des Rheintals an und setzen sich in den Nebentälern überwiegend in Südlagen ein Stück weiter fort.

Nebenerwerb und Zuerwerb spielen unter den Winzern eine große Rolle, selbst Vollerwerbsbetrie-

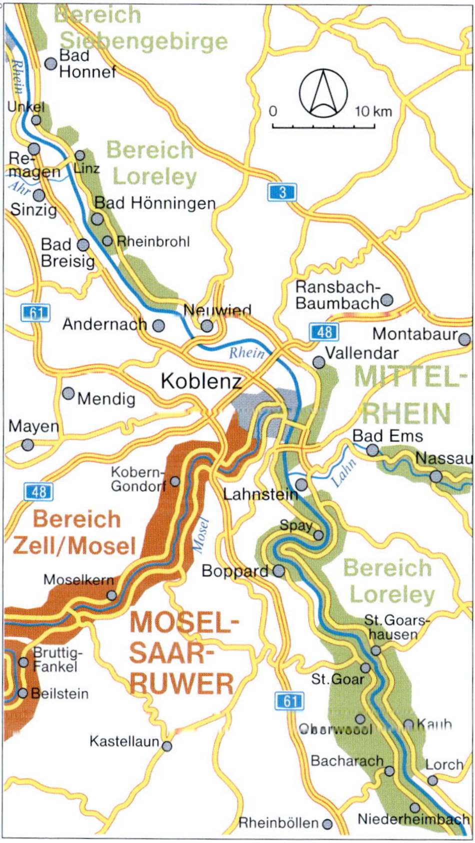

be sind kaum über drei Hektar groß. Winzergenossenschaften spielen nur eine gebietliche Rolle. Der größte Teil der Mittelrheinweine wird im Direktverkauf, insbesondere auch an Touristen, abgesetzt. Straußwirtschaften und Gutsschänken sind weit verbreitet und für den Direktkontakt zum Konsumenten wichtig.

Das mittelrheinische Weinbaugebiet ist – von Süden nach Norden – in die drei **Bereiche Bacharach, Rheinburgengau** und **Siebengebirge** unterteilt. Der südliche Teil weist die beiden Großlagen Schloss Reichenstein und Schloss Stahleck, wo um Bacharach das Hauptgebiet des Riesling ist, auf. Acht Großlagen machen den Rheinburgengau aus. Eine davon ist das Lahntal, wo Weinbau von Fachbach bis Oberndorf betrieben wird. Der Bereich Siebengebirge mit der Großlage Petersberg umfasst 24 Hektar Rebfläche auch in Nordrhein-Westfalen – viel zu wenig für diese Rarität, die vor Ort und von den Bonnern ausgetrunken wird.

Sehenswürdigkeiten

Touristisch gesehen, ist der Mittelrhein das **älteste Fremdenverkehrsgebiet Deutschlands.** Die Kulturlandschaft des Mittelrheins mit ihren Burgen, Kirchen und Klöstern, Stadtbefestigungen, Rathäusern und alten Bürgerhäusern und den Überresten aus römischer Zeit ist so einmalig, dass sie sogar in die UNESCO-Liste des Weltkulturerbes aufgenommen wurde. Und dazu gehört die Sage von der **Loreley,** jenem zauberhaft schönen Mädchen, das von der Spitze des steil aufragenden Loreley-Felsens die Schiffer auf dem Rhein durch seine Gesänge so betörte, dass sie mit ihrem Boot elendiglich untergingen.

Für den Rheintouristen reihen sich bei einer Fahrt vom Binger Loch flussabwärts die Weinorte wie Perlen an einer Kette am Rhein entlang – nach **Trechtingshausen** folgen **Bacharach** und **Oberwesel** und dann steht auf einer Felsinsel inmitten des Rheins **Burg Pfalzgrafenstein,** die Ludwig der Bayer in der ersten Hälfte des 14. Jahrhunderts bei Kaub errichten ließ, um Rheinzölle wirkungsvoll eintreiben zu können.

Wenig unterhalb der Loreley stehen sich die verfeindeten **Burgen Katz und Maus** der Grafen von Katzenelnbogen und der Trierer Erzbischöfe gegenüber.

Nach der großen Rheinschleife bei Boppard mit dem vom römischen Kaiser Drusus errichteten und noch teilweise erhaltenen **Kastell Bodobriga** folgt die **Marksburg,** die einzig unzerstörte Burg am Rhein, heute auch Sitz der Deutschen Burgenvereinigung.

Burg Lahneck vor Koblenz an der Mündung der Lahn sieht nach ihrer neugotischen Erneuerung wie eine Spielzeugburg aus.

Koblenz, die alte Römerstadt, erlebte im 17. Jahrhundert als Residenzstadt der Kurfürsten von Trier eine neue barocke Blüte. Das wieder errichtete Reiterstandbild Kaiser Wilhelms ist genauso touristischer Anziehungspunkt wie der Ehrenbreitstein, den die Preußen zu Beginn des 19. Jahrhunderts zur stärksten deutschen Festung ausbauten.

Ausflugs-Tipp zum Laacher See

Von Brohl geht es westwärts in die Eifel, wo Mönche im Mittelalter in zauberhafter Lage am Laacher See die Klosteranlage Maria Laach errichteten, eines der reinsten Bauwerke der deutschen Romanik. Ein Spaziergang um den See ist genauso empfehlenswert wie der Besuch des Naturkundemuseums, das vom Kloster aus über einen ausgeschilderten, 2 km langen Weg erreicht werden kann.

Öffnungszeiten: Täglich 9.30-18 Uhr (15.1.-1.3. geschl.), Tel. (02652) 47 85

Der Abstecher in das Lahntal ist lohnenswert: In **Bad Ems** trafen sich im 19. Jahrhundert gekrönte Häupter, wie der Kaiser und der Zar, aber auch Künstler von Wagner bis Offenbach zur Kur.

Unterhalb der **Ruine Hammerstein**, gegenüber von Brohl am unteren Mittelrhein ziehen sich nochmals geschlossene Weinhänge entlang, bis man zu den nördlichsten Weinbergen am **Siebengebirge** gelangt. Hier bietet das Siebengebirge mit der Ruine Drachenfels und dem sich gegenüber erhebenden Rolandsbogen eine malerische Kulisse für Nordrhein-Westfalens einzige Weinhänge!

Wein-Tipps vom Mittelrhein

Information

- ***Mittelrhein – Wein e.V.,*** *56329 St. Goar, Am Hafen 2, Tel. (06741) 77 12, Fax (06741) 77 23*

Winzer

- ***Weingut Toni Jost-Hahnenhof *,*** *55422 Bacharach, Oberstraße 14, GV, Probierstube, Tel. (06743) 12 16, E-Mail: tonijost@debitel.net*
- ***Weingut Müller *,*** *56322 Spay, Mainzer Straße 45, GV, Tel. (02628) 87 41, E-Mail: matthiasmueller@t-online.de*
- ***Weingut Walter Perll jun. *,*** *56154 Boppard, Ablassgasse 11, GV, Tel. (06742) 36 71*
- ***Weingut Ratzenberger *,*** *55422 Bacharach, Blücherstraße 167, GV, Tel. (06743) 13 37, E-Mail: weingutratzenberger@t-online.de*
- ***Weingut Weingart *,*** *56322 Spay, Mainzer Straße 32, GV, Gutsschänke, Tel. (02628) 87 35, E-Mail: weingart-wein.spay@t-online.de*

Essen und Trinken

- ***Burghotel Auf Schönburg **,*** *55430 Oberwesel, Tel. (06744) 9 39 30*
- ***Römerkrug Gast im Schloss **,*** *55430 Oberwesel, Marktplatz 1, Tel. (06744) 70 91*
- ***Loup de Mer **,*** *56068 Koblenz, Neustadt 12, Schlossrondell, Tel. (0261) 1 61 38*
- ***Rheinterrasse **,*** *56077 Koblenz-Ehrenbreitstein, Am Pfaffendorfer Tor 10, Tel. (0261) 9 70 70*
- ***Ambiente **,*** *56626 Andernach, Am Helmwartsturm 4, Tel. (02632) 9 63 60*
- ***Alte Kanzlei **,*** *56626 Andernach, Steinweg 30, Tel. (02632) 9 66 60*
- ***Klauke's Krug **,*** *56598 Rheinbrohl, Kirchstraße 11, Tel. (02635) 24 14*

Weinfeste

- ***Oberes Mittelrheintal:*** *Letztes Wochenende Juni autofreies Loreley-Wochenende*
- ***Bacharach:*** *Erstes Wochenende Oktober mit Festzug am Sonntag*
- ***Boppard:*** *Letztes September-Wochenende / erstes Oktober-Wochenende*
- ***Oberwesel:*** *Pfingsten mittelalterliches Spektakulum (alle zwei Jahre)*

031wg Abb.: ho

Mosel – Saar – Ruwer

Überblick

Die Mosel mündet als linker Nebenfluss des Rheins nach 545 Kilometern Flusslauf bei Koblenz inmitten des Mittelrheingrabens. Sie entspringt in den Südvogesen, durchläuft dann das lothringische Stufenland, verlässt ihr altes Flussbett, das sie einst zur Maas geführt hat, um über Frouard die Richtung nach Metz einzuschlagen. Danach bildet sie ein Stück der deutsch-luxemburgischen Grenze. Unterhalb von Trier durchfließt sie bis zur Mündung in einem tief eingeschnittenen, windungsreichen Tal das Rheinische Schiefergebirge – im Norden die Eifel, im Süden der Hunsrück. Oberhalb von Trier mündet die Saar, unterhalb die Ruwer in die Mosel. An die 150 Weinorte reihen sich im nahezu 250 Kilometer langen deutschen Flussabschnitt der Mosel bis Koblenz aneinander.

▲ *Gondorf an der Mosel*

Moselwein

Der spätreife und säurebetonte **Riesling** findet gerade hier seine idealen Wachstumsbedingungen. Aus ihm entstehen die duftig-fruchtigen Edelweine, die sich bei relativ niedrigem Alkoholgehalt um so leichter, spritziger und eleganter, bei den Spitzenweinen um so feinrassiger und fruchtiger verkosten lassen.

Geschichte

An die 400 Jahre herrschten die Römer an der Mosel, wo sie den Weinbau zu seiner ersten Blüte brachten. Kaiser Probus ließ sogar römische Truppen einsetzen, um Weinbergsgelände zu roden. Seit dem frühen Mittelalter übernahmen die Klöster und insbesondere auch das Trierer Bistum die Rolle des Weinbauförderers an der Mosel. Erste urkundliche Belege gehen auf das Jahr 633 zurück. Nach dem Mittelalter und den vielen Kriegen verkam der Weinbau bis ins 18. Jh. Es wurden vielerorts nur noch qualitativ minderwertigere Massenreben angebaut. Es war dann Clemens Wenzeslaus, Erzbischof von Trier, Weinkenner und größter Weinbergbesitzer an der Mosel, der 1786 nachhaltig dafür sorgte, dass die Massenträger durch die Rieslingsrebe ersetzt wurden. Durch die Konzentration auf diese edle Rebe, die Mitte des 15. Jh. in Trier erstmals als „Rueseling-Rebe" erwähnt wird, verhalf er dem Weinbau an der Mosel zur Weltgeltung.

Bei den **Weinbergbesitzverhältnissen** überwiegt heute der Kleinbesitz, es gibt auch Großkellereien, genauso wie es die weltberühmten Weingüter und auch noch „geistlichen" Besitz gibt. Die Hälfte der Moselweine wird von Weinhändlern aufgekauft, ein Viertel wird direkt und das verbleibende Viertel über Gebietswinzergenossenschaften abgesetzt, die in der Moselland e.G. zusammengefasst sind.

Für die Mosel ist der **Steilhanganbau** typisch. Terrassierung ist meist überflüssig, da der steinig-felsige Untergrund selbst noch bis zu 70° Steigung hält. Aber heute sind auch die Flächen der Talsohle stark mit Reben bepflanzt, wo sich früher Wiesen, Obstgärten und Äcker ausbreiteten, eine Entwicklung, die sich aus der Spezialisierung gemischter Landwirtschaftsbetriebe zu reinen Weinbaubetrieben ergab. Dennoch sind die Steillagen weiterhin für die Mosel typisch. Gerade im Nebenerwerb gibt es viele kleine Parzellen auf extremen Steilhängen. In den Steillagen überwiegt noch die traditionelle ↗Pfahlerziehung der Rebe, während am Hang und im Talgrund sich der ↗Drahtrahmen immer mehr durchsetzt.

Die **Böden** sind an der Mosel relativ einheitlich. Im windungsreichen Durchbruchstal ist der Tonschiefer das überwiegende Gestein. In Tallagen treten auch Schotter und Kies auf. Viele Namen von Weinbergslagen enden auf „-ley" oder „-lei" (Ley = Schiefer), was an der Mosel ein eindeutiger Hinweis auf den Schieferuntergrund ist, der gerade dem Riesling den so pikanten und spritzigen Charakter verleiht.

Die Mosel ist Deutschlands westlichstes Weinbaugebiet und unterliegt den stärksten **Einflüssen des Atlantikklimas.** Doch der Tal-Einschnitt schützt vor der Härte dieser Witterung und die für den Qualitätsanbau so geeigneten Steillagen erwärmen sich bei Sonneneinstrahlung rasch. Zudem strahlt der Schiefer nachts die Wärme nur langsam ab. Bei ausreichendem Niederschlag wirkt der Fluss zusätzlich als Lichtreflektor und Wärmestabilisator.

Das Weinbaugebiet Mosel-Saar Ruwer ist in fünf Bereiche mit 19 Großlagen unterteilt. Der **Bereich Untermosel** erstreckt

Pfahlerziehung/ Drahtrahmenerziehung

Unter „Erziehung" versteht man das gezielte Hochziehen und Befestigen der Rebe am Pfahl oder am Rebengerüst. Traditionell ist die Pfahlerziehung in Steillagen das Anbinden der Bogenrebe und Sommertriebe eines Weinstocks an Holzpfählen. Überwiegend sind in Deutschland die Rebstöcke in Reih und Glied an Drahtrahmen befestigt. Ausreichende Abstände erbringen erfahrungsgemäß genauso viel Lesegut wie enge, erlauben aber rationellere Arbeitsabläufe durch Maschineneinsatz. Standen früher noch 12.000 Rebstöcke auf einem Hektar, so sind es heute nur noch 4000 bei sogar höherem Ertrag.

032wg Abb.: vk

sich von Koblenz bis Zell mit der bekanntesten Großlage Schwarze Katz. Die **Mittelmosel** als größter Bereich zieht sich bis vor Trier hin. Hier findet man die Großlage Nacktarsch oder Schwarzlay, um nur zwei der neun Großlagen zu nennen. Hier findet der Riesling auf mineralstoffreichen Schieferböden die allerbesten Wachstumsbedingungen. Der **Bereich Saar-Ruwer** umfasst mit der Großlage Römerlay Trier und das Tal der Ruwer sowie mit der Großlage Schwarzberg das Tal der Saar. An der **Obermosel** mit den beiden Großlagen Königsberg und Gipfel ist eine weitere Spezialität des Moselweins die Elblingrebe als idealer Sektgrundwein

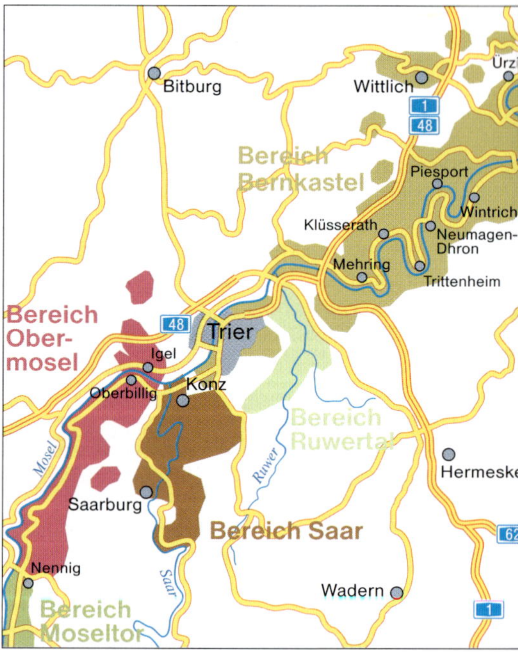

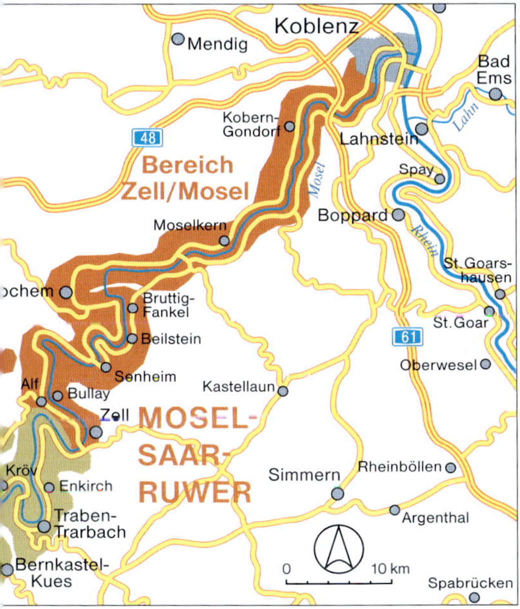

weit verbreitet – neben der Müller-Thurgau-Rebe, die hier Rivaner genannt wird. **Moseltor** ist der kleinste Bereich mit der Großlage Schloss Bübinger um Perl und Nennig, die im Saarland am rechten Moselufer liegt.

Sehenswürdigkeiten

Die Mosel und ihre Nebenflüsse sind wegen des Weins, der Geschichte und der Römer viel besuchte Ziele – die Römer haben gleich im Bereich Moseltor ihre Spuren hinterlassen, so die Römische Villa in **Nennig** mit den wunderschönen Fußbodenmosaiken und etwa die Igeler Säule, ein 22 Meter hohes Grabdenkmal mit Reliefs aus dem 3. Jh.

Empfehlenswert ist auf jeden Fall der Besuch des Rheinischen Landesmuseums in **Trier** mit seinen vielseitigen Exponaten zur Weinkultur und Weingeschichte. Die alte Römerresidenz bietet aber mit der Porta Nigra, der Basilika, den Kaiserthermen aus der Antike, dem Dom, dem Schloss, dem Hauptmarkt etc. noch weit mehr.

Eine weitere antike Hinterlassenschaft ist das **Neumagener Weinschiff.** Es befindet sich vor der Peterskapelle, ist dort als Abguss auf der Mittelmosel zu sehen und zeugt vom intensiven römischen Weinhandel an der Mosel.

In der nächsten Moselschleife liegt **Piesport** mit der barocken Pfarrkirche, den Adelshöfen und den römischen Keltern.

Bernkastel-Kues ist der Geburtsort des berühmten mittelalterlichen Gelehrten Nicolaus Cusanus (1401-1464) aus dem Ortsteil Kues, wo auch das spätgotische St.-Nikolaus-Hospital steht. Bernkastel weist einen schönen historischen Marktplatz auf und hat viele historische Fachwerkhäuser. Sein Rathaus stammt aus dem Jahr 1608.

Moselweinmuseum Bernkastel

Interessant und sehenswert ist das Moselweinmuseum. Öffnungszeiten: 16.4. bis 31.10. 10-17 Uhr, im Winter 14-17 Uhr, Tel. (06531) 41 41.

Hinter der nächsten Moselschleife liegt **Kröv** mit der Weinlage „Nacktarsch", wahrscheinlich eine Verballhornung des Wortes „Nektar", und dem schönen Fachwerk des Drei-Giebel-Hauses und des Echternacher Hofes.

Reizvoll ist auch **Traben-Trarbach** mit seinem Fachwerk-Stadtbild, der Moselbrücke mit Torturm und auf den nahe gelegenen Höhen den Ruinen der Grevenburg, der Starkenburg und auf der Höhe der Franzosenfestung Mont Royal mit herrlichem Ausblick über die Mosel.

Zum Abschluss des Streifzuges entlang der Mittelmosel sei noch auf **Enkirch** hingewiesen als

„Muster-Beispiel" für die vielen schönen Winzerdörfer des Gebietes. Der zauberhafte Fachwerk-Ort geht auf eine römische Gründung zurück, hat auch eine spätgotische Klosterkirche sowie mehrere Kloster- und Adelshöfe.

Das Wahrzeichen von **Zell** an der Untermosel, einem alten trierischen Amtssitz an einem wichtigen Moselübergang, ist der Runde Turm als Rest der Stadtbefestigung. Das ehemalige trierische Residenzschloss „Zeller Hamm" stammt aus dem frühen 16. Jahrhundert. Das Römerbad zeugt heute noch von Zells antiker Vergangenheit.

Einige Flusskilometer abwärts erhebt sich in **Bremm** gegenüber der Klosterruine Stuben der Heiße Berg mit der Weinlage „Calmont", die 68 % Neigung aufweist – somit der steilste Weinberg Europas.

Cochem besitzt als Zentrum der Untermosel seit 1332 Stadtrechte. Ein schöner Marktplatz mit Brunnen, enge Gässchen, Reste der Stadtbefestigung und ein Rathaus aus dem 18. Jahrhundert kennzeichnen die Stadt, überragt von der Reichsburg aus dem 11. Jahrhundert, die im 19. Jahrhundert historisierend wieder errichtet wurde.

Ausflugs-Tipp zur Burg Eltz

Oberhalb von Moselkern erhebt sich im Tal der Eltz – nur nach einem eineinviertelstündigen Fußweg von der Mosel aus zu erreichen – Burg Eltz. Immer noch in Familienbesitz, lassen sich ihre Ursprünge bis zum Jahr 1157 zurückverfolgen. Das ursprüngliche Inventar ist erhalten geblieben. Gegenüber liegt die Ruine von Burg Trutz-Eltz, in der ersten Hälfte des 14. Jh. von den Trierer Erzbischöfen errichtet, um das Geschlecht von Eltz im Zaume zu halten.

Führungen Burg Eltz: 1.4.–1.11. tägl. 9.30–17.30, Tel. (02672) 9 50 500, www.burg-eltz.de

Der Ursprung der Ortschaft **Treis-Karden** geht auf das römische „Cardonum" zurück. Sehenswert sind neben der dreitürmigen Stiftskirche St. Castor aus dem 11. bis 14. Jahrhundert die alten Häuser aus dem Mittelalter. In der Nähe sind die Burg Treis sowie die Ruine Wildburg.

Nahe Moselkern, die Eltz aufwärts, befindet sich ↗**Burg Eltz,** Deutschlands beste erhaltene Wohnburg.

Oberhalb von **Alken** mit dem schönen Ortskern, dem Fallertor sowie weiteren Teilen der alten Stadtbefestigung und der gotischen St. Michaelskirche thront Burg Thurandt. Sie wurde um 1200 vom Pfalzgrafen Heinrich errichtet und ist heute Ruine.

Bei **Kobern-Gondorf** wurden Siedlungsreste aus dem 1. Jahrtausend v. Chr. im Koberner Wald gefunden. Das älteste rheinland-pfälzische Fachwerkhaus von 1321 im Ort, überragt von der Oberburg mit frühgotischer Matthiaskapelle, bezeugt dies. Außerdem gibt es noch die Unterburg. Sehenswert ist insbesondere auch die Dreikönigskapelle auf dem Friedhof.

Winningen ist der letzte Weinort flussabwärts an der Untermosel vor Koblenz. Lückenlos lässt sich hier die Siedlungsgeschichte bis in die Römerzeit zurückverfolgen.

Die letzten Weinberge der Untermosel befinden sich übrigens in den Koblenzer Vororten **Moselweiß** und **Güls.**

Wein-Tipps von Mosel, Saar und Ruwer

Information

- ***Mosel-Saar-Ruwer Wein e.V.,*** *54295 Trier, Gartenfeldstraße 12a, Tel. (06517) 71 02 80, Fax (0651) 4 54 43, E-Mail: info@weinland-nahe.de, www.msr-wein.de*

Winzer

- ***Weingut Fritz Haag ***,*** *54472 Brauneberg, Dusemonder Straße 44, GV nach Vereinbarung, Tel. (06534) 4 10, E-Mail: weingut-fritz-haag@t-online.de*
- ***Weingut Dr. Loosen ***,*** *54470 Bernkastel, St. Johannishof, GV nach Vereinbarung, Tel. (06531) 34 26, www.drloosen.de*
- ***Weingut Joh. Jos. Prüm ***,*** *54470 Bernkastel-Wehlen, Uferallee 19, GV nach Vereinbarung, Tel. (06531) 30 91*

● ***Gutsverwaltung von Schubert-Grünhaus ******, *54318 Mertesdorf, GV, Tel. (0651) 51 11, www.vonschubert.com*

● ***Weingut Reinhold Haart *****, *54498 Piesport, Ausoniusufer 18, GV, Tel. (06507) 20 15, E-Mail: info@haart.de*

● ***Weingut Heymann-Löwenstein,*** *56333 Winningen, Bahnhofstraße 10, GV, Tel. (02606) 19 19, www.heymann-loewenstein.de*

● ***Weingut Karlsmühle,*** *54318 Mertesdorf, Im Mühlengrund 1, GV, GAsch, Tel. (0651) 51 24, www.weingut-karlsmuehle.de*

● ***Weingut Karthäuserhof,*** *54929 Trier-Eitelsbach, Karthäuserhof, GV, Tel. (0651) 51 21*

● ***Weingut Markus Molitor,*** *54470 Bernkastel-Wehlen, Klosterberg, GV, Tel. (06532) 39 39, E-Mail: markus.molitor@t-online.de*

● ***Weingut Sankt Urbans-Hof,*** *54340 Leiwen, Urbanusstraße 16, GV, GAsch „Landhaus St. Urban“, Tel. (06507) 9 37 70, www.weingut-st-urbans-hof.de*

Essen und Trinken

● ***Schloss Berg *****,*** *66706 Nennig, Schlosshof 7, Tel. (06866) 7 90*

● ***Klosterschenke **,*** *54293 Trier-Pfalzel, Klosterstraße 10, Tel. (0651) 96 84 40*

● ***Weinhaus Becker **,*** *54295 Trier-Olewig, Olewiger Straße 206, Tel. (0651) 93 80 80*

● ***Pfeffermühle ***,*** *54292 Trier, Zurlaubener Ufer 76, Tel. (0651) 97 54 20*

● ***Landgasthof Grans – Fassian **,*** *54349 Trittenheim, Moselpromenade 4, Tel. (06507) 20 33*

● ***Bauer‘s Restaurant **,*** *56841 Traben-Trarbach, Moselstraße 1, Tel. (06541) 65 51*

● ***Lohspeicher **,*** *56812 Cochem, Obergasse 1, Tel. (02671) 39 76*

● ***Halferschenke **,*** *56332 Dieblich, Hauptstraße 63, Tel. (02607) 10 08*

Weinfeste

● ***Bernkastel-Kues:*** *Erstes September-Wochenende Weinfest mit Umzug, Vergnügungspark und Feuerwerk*

● ***Neumagen-Dhron:*** *Drittes Wochenende im Juni Weinblütenfest der Mittelmosel*

● ***Trier:*** *Viertes Wochenende im September Weinmarkt*

● ***Winningen:*** *Letztes August-Wochenende/erstes September-Wochenende Moselweinfest (ältestes Weinfest Deutschlands)*

● ***Zell:*** *Letztes Wochenende im Juni*

● ***Zeltingen-Rachtig:*** *Erstes Wochenende nach dem 3. September Weinkirmes*

033wg Abb.: bm

Nahe

Überblick

Das Weinbaugebiet Nahe ist das Weinbaugebiet für die klassischen Rebsorten Müller-Thurgau, Silvaner und Riesling. Als linker Nebenfluss des Rheins entspringt die 116 Kilometer lange Nahe 366 Meter über dem Meer bei Selbach im südlichen Hunsrück, fließt nach Nordosten über Idar-Oberstein, Kirn und Bad Kreuznach, um in Bingen in den Rhein zu münden. Das Gebiet wird nordwestlich vom Hunsrück witterungsmäßig abgeschirmt.

Der Weinbau beginnt an der Nahemündung bei Bingerbrück und zieht sich flussaufwärts in nicht immer geschlossener Rebfläche bis in die Gegend von Kirn hin und bezieht die Nebentäler von Guldenbach, Gräfenbach, Glan und Alsenz mit ein. Das Zentrum des Weinbaus an der Nahe bildet Bad Kreuznach mit der renommierten Landes-, Lehr- und Versuchsanstalt.

▲ Bad Münster am Stein. Kurmittelhaus und Rheingrafenstein

Wein von der Nahe

Naheweine erfreuen sich zunehmender Beliebtheit im In- und Ausland, vor allem auch deshalb, weil es zunehmend gelungen ist, die gebietstypischen Charakteristika des Naheweins herauszuarbeiten.

Die Besonderheit des Naheweins liegt in seiner Vielfalt. Aus seiner Lage zwischen Mosel und Rheingau vereint er die feinfruchtige Frische von der Mosel mit der Fülle und der Abrundung des Rheingaus. Seine herzhafte, an Pfirsich erinnernde Säure variiert in seinen erdigen Aromen, was auf die unterschiedliche Bodenbeschaffenheit zurückzuführen ist. Erdgeschichtliche Ereignisse mit Vulkanausbrüchen und dem Einbruch des Nahegrabens führten hier zu kleinstrukturierten Oberflächenveränderungen. Als Folge daraus wechseln sich in kurzen Abständen an der oberen und mittleren Nahe Quarzit und Schieferböden miteinander ab, an der unteren Nahe Porphyr und Buntsandstein. In der Kreuznacher Gegend hingegen treten die Verwitterungsböden Löss und Lehm auf.

Geschichte

Vom Mittelalter bis zur Säkularisation war der Weinbau an der Nahe fest in klösterlicher Hand. Ab dem 19. Jahrhundert ging die Region in preußische Hand über. Seither erfuhr der Weinbau hier eine starke Förderung denn es waren die Preußen, die die Gründung einer Genossenschaft für Weinbau förderten, der damals überwiegend im landwirtschaftlichen Gemischtbetrieb betrieben wurde. Heute gilt die Nahe als ein Geheimtipp des deutschen Weinbaus.

Das Weinbaugebiet der Nahe gliedert sich in die beiden **Bereiche Kreuznach** und **Schloss Böckelheim** mit insgesamt sieben Großlagen.

Sehenswürdigkeiten

Der Fremdenverkehr an der Nahe ist ein ideales Ziel für Kurzurlaube. Die großen Touristenströme ziehen am Rhein vorbei, so dass vieles Sehenswerte in

Ruhe genossen werden kann. Im unteren Nahetal wirkte im Übrigen im 12. Jahrhundert **Hildegard von Bingen,** eine der großen Persönlichkeiten des Mittelalters. Ihr Wissen und ihre Erkenntnisse, ihre Visionen und ihre Lehre der ganzheitlichen Heilkunde besitzen als Rückbesinnung auf die Kräfte der Natur noch heute Gültigkeit.

Bei **Bingen** steht malerisch inmitten des Rheins der Mäuseturm, von Philipp von Bolanden als Mainzer Zollstelle an dem Inselstandort errichtet, wo bereits der römische Feldherr einen hölzernen Wachturm hatte, um die „Maut" zu erheben – daher rührt der Name. Auch oberhalb von Bingen errichteten die Mainzer eine Burg, die während der Franzosenherrschaft gesprengt und im 19. Jahrhundert neu errichtet wurde. Heute ist hier das Heimatmuseum untergebracht. Sehenswert ist noch die Rochuskapelle, der Rheinkran aus dem 16. Jahrhundert und die Drususbrücke über die Nahe aus dem 11. Jahrhundert.

Auf dem Weg nach Bad Kreuznach lohnt ein Abstecher in das Tal des Guldenbaches bei **Bretzenheim.** Hier haben Mönche in einen Felsabhang Wohnunterkünfte für Einsiedler geschlagen, die bis in das 19. Jahrhundert genutzt wurden. Der Ort selbst wird von der geschweiften Haube der Pfarrkirche Mariä Geburt überragt.

Das Wahrzeichen von **Bad Kreuznach,** dem leicht radioaktiven Solbad im Herzen des Nahe-Weinbaugebietes, sind die Brückenhäuser, auf der Nahebrücke errichtete Fachwerkgebäude, die 1495 erstmals erwähnt werden. Die gotische Paulskirche ist noch älter und stammt aus dem 14. Jahrhundert. In der Römerhalle werden antike Funde, insbesondere Fußbodenmosaiken, gezeigt. Die umgestaltete mittelalterliche Kauzenburg ist heute Ausflugsrestaurant, in dem mittelalterliche Gelage zelebriert werden. Über mehrere Kilometer ziehen sich von

Bad Kreuznach im Salinental Gradierwerke hin, in denen früher Salz gewonnen wurde.

Begibt man sich den bei Bad Kreuznach einmündenden Ellerbach aufwärts, gelangt man zur **Burg Sponheim,** die sich an den Ausläufern des Hunsrücks erhebt und Sitz des gleichnamigen Grafengeschlechts ist, das hier seit etwa 1000 Jahren ansässig ist. Der großartige Wohnturm der Burg ist datiert aus dem Jahr 1200. Im nahe gelegenen Sponheim steht ein ehemaliges Benediktinerkloster, das auf eine Stiftung der Grafen von Nellenburg aus der Zeit um 1045 zurückgeht und dessen Kirche, die weithin die Landschaft beherrscht.

Ausflugs-Tipp nach Idar-Oberstein

Auf jeden Fall sollte ein Ausflug nach Idar-Oberstein im Engtal der mittleren Nahe gemacht werden, ansonsten verpasst man die Felsenkirche, die Ruinen des Neuen und des Alten Schlosses und die vielen Edelsteinschleifereien. Viele dieser Schleifereien betreiben Fabrikverkauf, so z. B. die Schleiferei Gottlieb: 55743 Idar-Oberstein, Tel. (06781) 205-0, Fax (06781) 205-205

Südlich von Bad Kreuznach kündigt der Fels des Rheingrafensteins, der das enger werdende Nahetal weithin überragt, den Kur- und Weinort **Bad Münster am Stein** an. Von der Burg haben die Franzosen Ende des 17. Jahrhunderts nur Trümmer übrig gelassen. Unmittelbar südlich wirkt die Ebernburg, die sich auf einer nicht hohen Erhebung an der Mündung der Alsenz in die Nahe befindet, immer noch wehrhaft, auch wenn Zubauten aus den 30er Jahren des 20. Jahrhunderts heute ihr Bild dominieren. Hier hatte Franz von Sickingen Luther Asyl geboten und Ulrich von Hutten Zuflucht gewährt.

Die Alsenz aufwärts erhebt sich bei Altenbamberg die **Ruine der Altenbaumburg,** der Stammburg der im 14. Jahrhundert ausgestorbenen Raugrafen. Nahe aufwärts ist der **Rotenfels** ein Paradies für Kletterer. Die höchste Felswand nördlich der Alpen ragt steil über dem Fluss auf.

Wein-Tipps von der Nahe

Information

- ***Weinland Nahe e.V.,*** *55545 Bad Kreuznach, Dessauer Straße 6, Tel. (0671) 83 40 50, Fax (0671)8 34 05 25, E-Mail: info@weinland-nahe.de, www.weinland-nahe.de*

Winzer

- ***Weingut Hermann Dönhoff ***,*** *55585 Oberhausen, Bahnhofstraße 11, GV nach Vereinbarung Tel. (06755) 2 63*
- ***Weingut Emrich-Schönleber **,*** *55569 Schönleber, Naheweinstraße 10a, GV, Tel. (06751) 27 33, www.emrich-schoenleber.com*
- ***Weingut Dr. Crusius,*** *55595 Traisen, Hauptstraße 2, GV, Tel. (0671) 3 39 53*
- ***Weingut Göttelmann,*** *55424 Münster-Sarmsheim, Rheinstraße 77, GV, Straußwirtschaft, Tel. (06721) 4 37 75, E-Mail: goettelmannwein@aol.com*
- ***Weingut Kruger-Rumpf,*** *55424 Münster-Sarmsheim, Rheinstraße 47, GV, Weinstube, Tel. (06721) 4 38 59, www.kruger-rumpf.com*
- ***Weingut Lötzbeyer,*** *67824 Feilbingert, Kirchstraße 6, GV, Tel. (06708) 22 87*
- ***Gutsverwaltung Niedernhausen – Schloss Böckelheim,*** *55585 Niedernhausen, GV, Tel. (06758) 9 25 00*
- ***Weingut Prinz zu Salm-Dahlberg,*** *55595 Wallhausen, Schlossstraße 3, GV, Tel. (06706) 94 44 11*
- ***Weingut Bürgermeister Willi Schweinhardt Nachf.,*** *55450 Langenlonsheim, Heddesheimer Straße 1, GV, Tel. (06704) 31 00*

Essen und Trinken

- ***Im Gütchen ***,*** *55545 Bad Kreuznach, Hüffelsheimer Straße 1, Tel. (0671) 4 26 26*
- ***Aquarius **,*** *55411 Bingen, Am Rhein-Nahe-Eck, Tel. (06721) 79 60*
- ***Metzlers Gasthof **,*** *55546 Hackenheim, Hauptstraße 69, mit Weinstube, Tel. (0671) 6 53 12*
- ***Zur Traube *,*** *55566 Meddersheim bei Bad Sobernheim, Sobernheimer Straße 2, Tel. (06751) 95 03 82*

Weinfeste

- ***Monzingen:*** *Zweites Wochenende im Juni Weinblütenfest*
- ***Rockenhausen:*** *Zweites Wochenende im Oktober Federweißenkerwe*
- ***Weiler bei Bingen:*** *Drittes Wochenende im September Dorffest*

034wg Abb.: rw

Weinlese im Rheingau

Rheingau

Überblick

So wie der **Riesling** als Edel-Traube das Ansehen des deutschen Weins im In- und Ausland fördert, so spielt der Rheingau als Weinbaugebiet die führende Rolle, denn vier Fünftel des Rheingaus sind mit der Rieslingtraube bestückt.

Wein aus dem Rheingau

Der **Weinbau** findet im Rheingau ideale Wachstumsbedingungen. Geschützt von den südwestlichen Ausläufern des Taunus, hier als Rheingaugebirge bezeichnet, erstrecken sich die Weinberge über eine Strecke von annähernd 40 Kilometern in

Geschichte
Zwar hatten die Römer Siedlungen wie Rüdesheim, inwieweit sie aber auch im Rheingau Weinbau betrieben haben, ist umstritten. Auf jeden Fall hat aber der Rheingau deutsche Weingeschichte geschrieben. Karl der Große hat von der Ingelheimer Pfalz, einem seiner häufigen Aufenthaltsorte, den Weinbau im Rheingau gefördert. Aus seiner Epoche werden erstmals Weinberge in Walluf (779) und bei Johannisberg (817) erwähnt. Später waren es die Mainzer Bischöfe, die hier aktiv Weinbau betrieben und natürlich die Klöster. Das um 1100 von Mainzer Benediktinern erbaute Kloster Johannisberg und das von Zisterziensern 1135 gegründete Kloster Eberbach nahmen dabei die führende Stellung ein. Insgesamt sind 12 Klostergründungen aus dieser Zeit im Rheingau bekannt.
Die Prägung des Rheingaus mit der Rebsorte Riesling erfolgte schon früh. Eine erste urkundliche Erwähnung des Rieslings erfolgte im Jahr 1435. Man vermutet auch, dass die Herkunft des Rieslings im Rheingau liegt. Seit dem Jahr 1736 wird in den Archiven von Kloster Eberbach der Begriff „Cabinettkeller" gebraucht, woraus sich die Qualitätsbezeichnung der Kabinettweine ableitete. Und im Jahr 1775 wurde auf Schloss Johannisberg die Spätlese „erfunden".

einem bis zu vier Kilometer breiten Streifen an den zum Rhein hin abfallenden Südhängen: von Lorchhausen, schon jenseits des Binger Loches, über Assmannshausen, Rüdesheim, Geisenheim, Hattenheim, Eltville und östlich von Wiesbaden über Hochheim bis Wicker. Hier kann der Rhein seine wärmespeichernde und temperaturausgleichende Funktion voll erfüllen, wobei die Flussnebel im Herbst mit ihrer Luftfeuchtigkeit für das Auftreten der ➚Edelfäule sorgen. Die Sommer sind warm und trocken – aber eben nicht zu trocken.

Insgesamt herrscht im Rheingau dennoch ein wechselndes Kleinklima vor, das interessante **Geschmacksunterschiede** des Weins herbeiführt. Der Wein aus den höheren Lagen mit Schiefer-, Quarzit- und Kiesböden hat kernigen Charakter. Kommt er von den kalkhaltigen Löß- und Tonböden der Tallagen, ist er eher vollmundig und kräftig.

Die **Rieslingtraube** ergibt im Rheingau einen besonders ausgeprägten vornehm-eleganten Geschmack, der durch ein blumig-fruchtiges Bukett und feine Würze ausgezeichnet ist. Er entwickelt seine volle Reife erst nach einigen Jahren und ist gut und lange lagerfähig. Auf den Weinbergen bei Assmannshausen werden auch die berühmtesten deutschen Rotweine erzeugt. Der **Assmannshäuser Blaue Spätburgunder** reift hier auf Phyllitschieferböden. Im Gegensatz zu den schweren Pinot Noirs sind die auf dem Assmannshäuser Höllenberg gewachsenen Spätburgunder leichter im Alkohol, zarter, delikater und feinfruchtiger.

Der hohe Anteil von Spitzenweinen aus dem Rheingau hat wesentlich dazu beigetragen, dass hier ↗**Weinversteigerungen** auf weit übergebietliches Interesse stoßen und größte Berühmtheit erlangten.

Schon vor der Säkularisation hat es ein „friedliches Nebeneinander" klösterlicher, adeliger und bäuerlicher Weinberge gegeben. Heute dominieren im Rheingau die **selbstvermarktenden Winzer- und Kellereibetriebe** mit vielen Straußwirtschaften. Es sind vor allem die Bewohner des Rhein-Main-Ballungsraumes, die im Rheingau als Kunden auftreten. Daneben gibt es die bedeutenden Weingüter und Domänen, die die Weltgeltung der Rheingauer Weine hochhalten. An dieser Weltgeltung arbeitet auch die renommierte Forschungsanstalt für Wein-, Obst- und Gartenbau in Geisenheim wesentlich mit, aus der die wichtige Müller-Thurgau-Rebe entstammt.

Edelfäule

Die Edelfäule, auch Edelreife genannt, wird durch Grauschimmel, den Edelfäulepilz BOTRYTIS CINEREA hervorgerufen. Er entsteht bei feuchtwarmem Nebelwetter im Herbst an den Trauben. Dann entwickelt er keine schädliche Wirkung, sondern durchwächst die Außenhaut der Weinbeere, so dass deren Feuchtigkeit verdunstet und es zu einer Konzentration der Inhaltsstoffe kommt.

Weinversteigerungen

Weinversteigerungen sind in Deutschland seit dem 18. Jahrhundert beurkundet. Gebote können nur von Kommissionären abgegeben werden. Die Lose betragen in der Regel zwischen 50 und 1000 Flaschen. In Deutschland wird nass versteigert, das heißt, dass die Weine am Abend vorher probiert werden können.
Entlang von Mosel, Rhein und Nahe gibt es inzwischen vier Versteigerungsgemeinschaften. Am berühmtesten ist die Versteigerung auf Kloster Eberbach, bei der auch alte und seltene Jahrgänge angeboten werden.
Die übergebietliche Spitzenweinversteigerung des Verbandes der Prädikatsweingüter findet alle drei Jahre im Kurhaus von Wiesbaden oder in Trier statt.

Sehenswertes

Touristisch ist der Rheingau ebenso „Spitzenklasse" wie seine Weine. Die Reise durch den Rheingau beginnt im Engtal des Rheins an seinen Ausläufern in **Lorch,** einem wunderschönen Weinstädtchen mit seinen alten Fachwerkhäusern und dem Hilchenhaus aus der Renaissance-Zeit. Die Pfarrkirche St. Martin aus dem 13. Jahrhundert, auf einer Terrasse über dem Rhein gelegen, zählt mit ihren späteren Ergänzungen zu den bedeutendsten gotischen Kirchen des Rheingaus.

Südlich liegt **Assmannshausen** als Ortsteil von Rüdesheim, wo der berühmte Assmannshäuser Spätburgunderweintyp herstammt. Assmannshausen kann zudem mit seinem Hotel Krone, einem alten Dichtertreffpunkt und dazu noch mit einem Oldtimermuseum aufwarten.

Am Mäuseturm gegenüber von Bingen macht der Rhein seinen berühmten Knick. Hier befinden sich auf der Seite von Rüdesheim die **Schlossruine Ehrenfels** und ein Stück weiter östlich auf der Höhe das **Niederwalddenkmal.** In Erinnerung an die Gründung des wilhelminischen Deutschen Kaiserreichs wurde es 1883 errichtet und ist heute mit einer Seilbahn zu erreichen.

Rüdesheim selbst ist der vielleicht berühmteste Weinort Deutschlands. Auf jeden Fall zieht seine Drosselgasse mit den vielen Weinlokalen jedes Jahr mehrere Millionen Besucher an. Sehenswert sind die Stadtbefestigung mit dem Adlerturm, die hübschen Häuser der Altstadt und die St. Jakobskirche aus dem frühen 15. Jahrhundert. Ihre frühromanische Kapelle im Turm des Vorgängerbaus stammt aus dem 11. Jh.

Weinmuseum

Die im 19. Jahrhundert wieder errichtete Brömserburg in Rüdesheim beherbergt ein Weinmuseum: Rheinstraße 2, Tel. (06722) 23 48, Mitte März bis Mitte Oktober täglich 9–18 Uhr geöffnet.

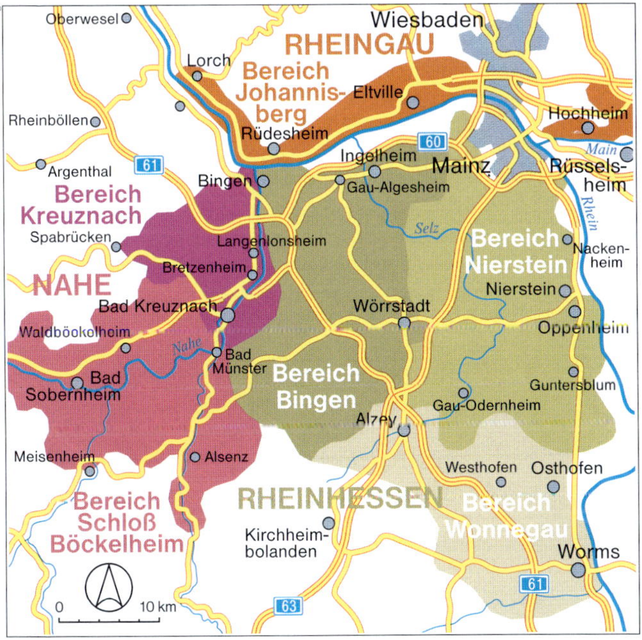

Der nächste Ort am Rheinufer ist **Geisenheim,** durch Wein reich geworden und Sitz der Weinforschungsanstalt. Die spätgotische Hallenkirche zum Heiligen Kreuz mit wertvoller Innenausstattung wird auch „Rheingauer Dom“ genannt. In der Stadt stehen eine Reihe alter Adelshöfe, unter ihnen vor allem der Stockheimer Hof aus dem Jahr 1550. Nahebei sind die Klöster Eibingen und Marienthal. Oberhalb von Geisenheim erhebt sich **Schloss Johannisberg.**

Die Reihe der Rheingauer Weinorte setzen **Winkel** und **Oestrich** mit dem „Grauen Haus“, dem ältesten steinernen Wohnhaus Deutschlands, fort. Außerdem ist hier noch ein alter Rheinkran zu sehen. Oberhalb steht **Schloss Vollrads,** eines der Traditionsweingüter des Rheingaus, im Besitz der Nassauischen Sparkasse.

Inmitten der vormaligen Abgeschiedenheit der Taunusberge oberhalb von Eltville am Rhein errichteten Zisterziensermönche zwischen dem 12. und 14. Jahrhundert Kloster Eberbach, das Musterbeispiel eines Reformklosters, das sich zum wichtigsten Weinbaubetrieb im mittelalterlichen Deutschen Kaiserreich entwickelte. An diese Tradition erinnern noch die 300 Jahre alten Weinpressen in seinem Laienrefektorium, dem ehemaligen Speisesaal der Laienbrüder.

Eltville selbst ist die älteste Stadt im Rheingau, die auf eine alemannische Siedlung zurückgeht und Sitz vieler Wein- und Sektfirmen ist. Die spätgotische Pfarrkirche St. Peter und St. Paul hat einen meisterhaften Turm. Eine Reihe alter Adelshöfe stehen in der Stadt. Die kurmainzische Wasserburg des Ortes stößt mit einer Seite direkt an den Rhein. Im Wohnturm der Burg erinnert eine Gedenkstätte an Johannes Gutenberg, der hier vom kurmainzer Erzbischof Adolf von Nassau zum „Hofmann“ ernannt wurde. Übrigens ist das die einzige Ehrung, die Gutenberg zu Lebzeiten zuteil geworden ist.

Die Kur- und Kongressstadt **Wiesbaden,** mit Weinbergen am Stadtrand, verfügt über ein bemerkenswertes Kurhaus. Im Stadtschloss der Herzöge von Nassau ist heute das Landesparlament untergebracht. Das Alte Rathaus aus dem Jahr 1609 ist das älteste Gebäude von Wiesbaden. Oberhalb der Stadt steht mit herrlicher Weitsicht auf dem Neroberg die byzantinisch-russische „Griechische Kapelle“, 1845 für die nassauische Herzogin russischer Abstammung errichtet. Am Rhein befindet sich das zwischen 1698 und 1744 errichtete barocke Schloss Biebrich der späteren Herzöge von Nassau.

Schloss Johannisberg

In beherrschender Hügellage zwischen Winkel und Geisenheim liegt Schloss Johannisberg, ursprünglich um 1100 als Benediktinerabtei gegründet, deren letzter Abt im Jahre 1563 abtrat. Die Fürstbischöfe von Fulda kauften Schloss Johannisberg im Jahre 1716 und ließen die Anlage im Barockstil zwischen 1718 und 1725 ausbauen und erweitern. Gleichzeitig erfolgte auch die Neubestockung der Weinberge des Schlosses. Der bisherige Mischbestand an Rotwein- und Elblingreben wurde durch sortenreine „Rüßlinge" ersetzt.

Nach dem Friedensschluss von 1815 gegen das napoleonische Frankreich, das zuvor alle Klöster säkularisiert hatte, fiel das Schloss an Kaiser Franz I. von Österreich, der es seinem Staatskanzler Fürst Metternich schenkte. Ein Umbau im Jahre 1826 gab dem Schloss seine heutigen klassizistischen Formen. In diesem Stil erfolgte auch der Wiederaufbau nach dem Zweiten Weltkrieg. Die ehemalige Klosterkirche unterhalb des Schlosses im Tal wurde nach der Zerstörung im Krieg wieder ganz in ihren ursprünglichen romanischen Formen aufgebaut.

Nach dem Weinbergslagenrecht gilt das 35 Hektar große Weingut heute als eigenständiger Ortsteil und auf dem Etikett darf „Schloss Johannisberg" allein ohne Nennung eines Ortes stehen. In den Kellern von Schloss Johannisberg lagern übrigens noch Weinraritäten, deren Ursprünge bis zur Mitte des 18. Jh. zurückreichen.

Öffnungszeiten Weinverkauf: Montags bis freitags 10–13 und 14–18 Uhr, samstags, sonntags, feiertags 10–18 Uhr
Öffnungszeiten Gutsausschank: täglich 11.30–23 Uhr, Tel. (06722) 9 60 90

Hochheim als wichtigster Weinort am Rheingauer Mündungsabschnitt des Mains liegt östlich von Wiesbaden und nicht mehr am Rhein . Hochheimer Wein war der Lieblingswein der englischen Königin Victoria und ihres Gemahls Prinz Albert von Sachsen-Coburg-Gotha. „Hock", in Anlehnung an Hochheim, wurde so zum Sammelbegriff für deutschen Wein in England. Ein Denkmal in der Weinbergslage „Königin Victoriaberg" erinnert an einen Besuch der Königin.

Wein und Kultur hatten schon immer einen engen Bezug zueinander – insbesondere im Rheingau. Der **„Rheingauer Frühling"** kombiniert Wein mit kulinarischen Genüssen, das **„Rheingau Musik Festival"** entsprechend mit musikalischen Kostbarkeiten im Sommer. Beide Veranstaltungsreihen finden in ausgewählten Schlössern, Klöstern und Weingütern des Rheingaus statt.

Wein-Tipps aus dem Rheingau

Information

- ***Gesellschaft für Rheingauer Weinkultur mbH,*** *65375 Oestrich-Winkel/Hallgarten, Adam-von-Itzstein-Straße 20, Tel. (06723) 9 17 57, Fax (06723) 91 75 91, E-Mail: wein@rheingau.de, Internet: www.rheingau.de*

Winzer

- ***Weingut Robert Weil ***,*** *65399 Kiedrich, Mühlberg 5, GV, Vinothek, Tel. (06123) 23 08, www.weingut-robert-weil.com*
- ***Weingut Georg Breuer **,*** *65385 Rüdesheim, Grabenstraße 8, GV, GAsch und Restaurant, Tel. (06722) 10 27, www.georg-breuer.com*
- ***Weingut Kesseler **,*** *65385 Assmannshausen, Lorcher Straße 16, GV nach Vereinbarung, Tel. (06722) 25 13, E-Mail: akesseler@t-online.de*
- ***Weingut Peter Jakob Kühn **,*** *65375 Oestrich, Mühlstraße 70, GV, Straußwirtschaft, Tel. (06723) 22 99, www.weingut.pjkuehn.winesystem.net*

● ***Weingut Franz Künstler*** ***, *65239 Hochheim, Freiherr-vom-Stein-Ring 3 / Kirchstraße 38, GV, Tel. (06146) 8 25 70, www.weingut-kuenstler.de*

● ***Weingut J.B. Becker*** ***,** *65396 Walluf, Rheinstraße 6, GV, GAsch, Tel. (06123) 7 25 23*

● ***Schloss Johannisberg,*** *65366 Geisenheim-Johannisberg, GV, Gutsschänke (s.o.), Tel. (06722)1 00 90, www.schloss-johannisberg.de*

● ***Weingut Graf von Kanitz,*** *65391 Lorch, Rheinstraße 49, GV, GAsch, Tel. (06726) 3 46*

● ***Weingut Langwerth von Simmern,*** *65343 Eltville, Kirchgasse 6, GV, GAsch, Tel. (06123) 9 21 10*

● ***Weingut Josef Leitz,*** *65385 Rüdesheim, Th.-Heuss-Straße 5, GV, Straußwirtschaft, Tel. (06722) 4 87 11, www.vinonet.com*

● ***Weingut Schloss Reinhartshausen,*** *65346 Eltville-Erbach, Hauptstraße 41, GV, Schlossausschank, Tel. (06123) 67 63 33, www.schloss-reinhartshausen.de*

● ***Weingut Schloss Vollrads,*** *65375 Oestrich-Winkel, Schlossverkauf, GAsch, Tel. (06723) 6 60, www.schlossvollrads.com*

Essen und Trinken

● ***Ente *** im Nassauer Hof,*** *65183 Wiesbaden, Kaiser-Friedrich-Platz 3, Tel. (0611) 13 30*

● ***Landhaus Diedert **,*** *65195 Wiesbaden, Am Kloster Klarenthal 9, Tel. (0611) 1 84 66 00*

● ***Oranien **,*** *65139 Wiesbaden, Platter Straße 2, Tel. (0611) 1 88 23*

● ***Burg Schwarzenstein ***,*** *65366 Johannisberg, Haus Nr. 5, Tel. (06722) 9 95 00*

● ***Grüner Baum,*** *65375 Oestrich, Rheinstraße 45, Tel. 06723) 16 20*

● ***Bellevue **,*** *65375 Winkel, Hauptstraße 1, Tel. (06723) 9 90 20*

● ***Domäne Mechtildshausen **,*** *65205 Erbenheim, Tel. (0611) 73 74 60*

● ***Krone **,*** *65385 Assmannshausen, Rheinuferstraße 10, Tel. (06722) 40 30*

● ***Piccolo Mondo **,*** *65343 Eltville, Schmittstraße 1, Tel. (06123) 21 24 15 53*

● ***Stieblers Rauchfang **,*** *65385 Rüdesheim, Kirchstraße 6, Tel. (06722) 91 22*

● ***Zur Entenstube **,*** *65385 Rüdesheim, Kirchstraße 7, Tel. (06722) 10 41*

Wein- und Weinkulturfeste

● ***Rheingau Musik Festival,*** *jährlich über 100 Veranstaltungen: Klassik, Jazz und Literatur in den Schlössern, Weingütern und Konzertsälen des Rheingaus*

● ***Rheingau: Tag der offenen Keller,*** *zweites Wochenende September von Lorch bis Johannisberg, drittes Wochenende im September von Winkel bis Wicker*

035wg Abb.: rh

Rheinhessen

Überblick

Das Rheinhessische Weinbaugebiet als größtes deutsches Anbaugebiet liegt in dem vom Rheinbogen gebildeten „Sonnendreieck", das aus den Städten Bingen, Mainz und Worms mit dem Zentrum in Alzey gebildet wird. Bei Bingen und an der Rheinterrasse von Mainz wird der Weinbau an ansteigenden Hängen betrieben, während der Wonnegau und das zentrale Hügelland mit ihren sanften Hängen südländisches Flair verbreiten. Weiträumig wird Rheinhessen vom Taunus, Soonwald und Odenwald vor der Nordwestwitterung geschützt.

Weine aus Rheinhessen

▲ *Trullo bei Flonheim (s. Geschichte)*

Das Rheinhessische Weinbaugebiet gliedert sich in die drei **Bereiche Bingen, Nierstein** und **Wonnegau** mit 24 Großlagen und 450 Einzellagen. Die Angebotspalette Rheinhessens reicht vom Schoppenwein über ansprechende Qualitätsweine bis hin zu hervorragenden Auslesen. Es sind vorwiegend milde Weine, auch weicher, süffiger und vollmundiger als aus anderen Gebieten.

Aus Rheinhessen stammt auch die **Liebfrauenmilch** (siehe „Weinspezialitäten"), so nach dem Liebfrauenstift in Worms benannt, ein süß-süffiger Weißwein, der als Exportschlager Furore machte. Er ist aber angesichts der weltweiten „trockenen Welle" auch jenseits der Grenzen weniger gefragt. Angesichts solcher Erfahrungen haben die rheinhessischen Winzer ihre lange verkannte Stammrebe **Silvaner** revitalisiert. Die „RS" (Rheinhessen-Silvaner) findet als urwüchsige Rebe auf den fruchtbaren Lössformationen ideale Wachstumsbedingungen vor. Wenn die Rebe hier in ihrem weltweit größten Anbaugebiet beherzt zurückgestutzt wird, gibt sie edle Erträge.

Geschichte

Auch in Rheinhessen weist der Weinbau römische Tradition auf. Seit karolingischer Zeit fasste der Wein wieder stärker Fuß. Heute betreiben die Winzer meist parallel auch noch Obstkulturen.
Eine Besonderheit des rheinhessischen Weinbaus stellen die Trulli dar, die sich bis in das 18. Jahrhundert hinein zurückverfolgen lassen. Das Flonheimer Trullo ist beispielsweise auf das Jahr 1756 datiert. Es handelt sich dabei um kleine, spitzkuppelige Bauten, die Züge süditalienischer Baukunst tragen und vorwiegend im Alzeyer Hügelland anzutreffen sind. Die Ursprünge dieser Bauten sind allerdings bis heute nicht nachzuvollziehen.

Größte Verbreitung hat nach wie vor die **Müller-Thurgau-Rebe** in Rheinhessen, danach folgt der Silvaner mit steigendem Anteil und danach kommen Neuzüchtungen wie Scheurebe, Bacchus, Kerner oder auch Faber, die auch viel zur Qualitätsverbesserung rheinhessischer Weine beigetragen haben. Rotweine spielen eine untergeordnete Rolle – berühmt ist allerdings der **Ingelheimer Spätburgunder.**

Die Direktvermarktung nimmt in Rheinhessen zu. Doch gibt es auch eine große Anzahl von Weingütern, Handelskellereien und Genossenschaften.

Sehenswürdigkeiten

Rheinhessen ist noch nicht in dem Maße touristisch erschlossen wie andere deutsche Weinbaugebiete, was für einen Urlauber vorteilhaft sein kann. Die Reise durch Rheinhessen beginnt in Bingen (siehe Weinregion „Nahe"). Die hier rechts der Nahe gelegenen Weinberge werden der rheinhessischen Großlage Sankt Rochuskapelle zugerechnet.

In **Ingelheim,** inmitten der Großlage Kaiserpfalz, steht auf dem oberen Friedhof die Evangelische Burgkirche, eine Wehrkirche, die in ihren Ursprüngen auf das 12. Jahrhundert zurückgeht. Außerdem gibt es die romanische Pfarrkirche. Und natürlich die von Karl dem Großen gebaute Kaiserpfalz, die von den Franzosen Ende des 17. Jahrhunderts weitgehend vernichtet wurde. Eine Rekonstruktion befindet sich im Städtischen Museum.

Flussaufwärts im Rheinbogen zum Oberrhein weist die alte Römer- und Bischofsstadt **Mainz** vielfältigste Sehenswürdigkeiten auf. Der St. Martinsdom ist einer der drei großartigen Kaiserdome am Oberrhein. Die Stiftskirche St. Johann, die Stiftskirche St. Stephan mit Glasfenstern von Chagall, die Pfarrkirche St. Ignaz und die Augustinerkirche sind weitere Sakralbauten der Stadt. Sehenswert sind die alten Adelshöfe. Im Kurfürstlichen Schloss aus der Renaissance-Zeit befindet sich heute das Römisch-Germanische-Zentralmuseum. In der ehemaligen Deutschordenskommende ist das Parlament untergebracht.

Oberhalb von Mainz führt der Rhein in südlicher Richtung flussaufwärts. **Nierstein** hat die berühmtesten Weinlagen Rheinhessens aufzuweisen.

Unmittelbar südlich steht in **Oppenheim** die berühmte Katharinenkirche aus rot schimmerndem Sandstein. Der Bau begann im 13. Jahrhundert und ihr Langhaus mit reichem Fenstermaßwerk wurde

Der fröhliche Weinberg

Carl Zuckmayer, dem großen deutschen, im rheinhessischen Nackenheim geborenen Dichter (1896–1977), verdanken wir wortgewaltige Geschichten vom Wein, von denen der „Fröhliche Weinberg" weltberühmt wurde. Zuckmayer überwand mit seinem Lustspiel vom „Fröhlichen Weinberg" die Traum- und Seelendramen des Expressionismus und verschrieb sich einem neuen Realismus. Darin liegt die literaturgeschichtliche Bedeutung des Stücks. Erzählt wird die Geschichte des Winzers Gunderloch, der sich aufs Altenteil zurückziehen möchte. Seine erbende Tochter Klärchen soll aber zunächst nach altem Bauernbrauch von ihrem Auserwählten ein Kind bekommen, damit die Erbfolge gesichert ist. Hierfür hat Gunderloch den verbummelten Studenten Knuzius auserwählt, seine Tochter aber einen anderen. Gunderloch will es genau wissen und sucht die Klärung in einer großen Weinprobe, die von Zuckmayer possenhaft geschildert wird. Natürlich gibt es im Weinberg ein Happy End, aber zunächst nicht für Zuckmayer. Ihm brachte sein Lustspiel viel Ärger ein, weil sich zu viele Winzer aus seiner Nachbarschaft in den Charakteren des Stückes wiederzuerkennen glaubten. Aber längst sind alle wieder miteinander versöhnt!

ein Jahrhundert später errichtet. Neben der Kirche steht die Michaelskapelle, in deren Karner unzählige Gebeine und Schädel liegen. Von der ehemaligen Burg Landskron aus dem 13. Jahrhundert sind nur noch Reste erhalten, aber der Blick über den Rhein ist großartig.

Der Dom zu **Worms** gehört in die Baureihe der Kaiserdome von Mainz und Speyer, den bedeutendsten Zeugnissen deutscher Romanik. In Worms beginnt das Nibelungenlied und auf dem Reichstag zu Worms 1521 sollte Luther vor Kaiser Karl V. von seiner Lehre abkehren. Worms hat neben der gotischen Liebfrauenkirche mit reichem Figurenschmuck weitere beachtenswerte romanische und gotische Kirchen. Die wiedererrichtete Synagoge von Worms war einst die bedeutendste im Reich, dazu gehören das unterirdische Frauenbad und der mittelalterliche Friedhof. Das Empireschloss der Herzöge von Dahl in der Hauptstraße gehört heute der Stadt Worms.

Begibt man sich in das „Landesinnere" Rheinhessens, findet man in **Westhofen** ein beschauliches Weinstädtchen mit schönen Fachwerkhäusern am Marktplatz vor.

Im Zentrum von **Alzey** erhebt sich die St.-Nikolai-Kirche als spätgotische Hallenkirche auf den Fundamenten einer alten Königshofkapelle. Das Rathaus am Fischmarkt stammt aus der Renaissance-Zeit. Das Alzeyer Schloss entstand in seiner heutigen Form im 15. und 16. Jahrhundert als Nebenresidenz der Heidelberger Pfalzgrafen. Hier war einst ein Römerkastell, das Volker von Alzey – der legendäre Sänger aus dem Nibelungenlied – als Vasall seines Königs Gunther im Jahre 406 eroberte.

Nordwestlich von Alzey steht in **Armsheim** die Wallfahrtskirche zum Heiligen Blut. Die Kirche wurde 1431 auf älteren Grundrissen als Hallenkirche erbaut.

Wein-Tipps aus Rheinhessen

Information

● ***Rheinhessenwein e.V.,*** *55120 Mainz, An der Brunnenstube 33-35, Tel. (06131) 9 96 80, Fax (06131) 68 27 01, E-Mail: info@rheinhessenwein.de, www.rheinhessenwein.de*

Winzer

- ***Weingut Keller ***,*** *67592 Flörsheim-Dalsheim, Bahnhofstraße 1, GV, Tel. (06243) 4 56*
- ***Weingut Gunderloch **,*** *55299 Nackenheim, Carl-Gunderloch-Platz 1, GV, GAsch, Tel. (06135) 23 41, E-Mail: weingut@gunderloch.de*
- ***Weingut Freiherr Heyl zu Herrnsheim **,*** *55283 Nierstein, Langgasse 3, GV, Tel. (06133) 5 70 80, www.heyl-zu-Herrnsheim.de*
- ***Weingut Wittmann **,*** *67593 Westhofen, Mainzer Straße 19, GV nach Vereinbarung, Tel. (06244) 90 50*
- ***Weingut Michel-Pfannebecker,*** *55234 Flomborn, Langgasse 18/19, GV, Tel. (06735) 3 55, www.michel-pfannebecker.de*
- ***Weingut Sankt Antony,*** *55283 Nierstein, Worrstadter Straße 22, GV, Tel. (06133) 58 42, www.st.antony.com*
- ***Weingut Schales,*** *67592 Flörsheim-Dalsheim, Alzeyer Straße 160, GV, Tel. (06243) 70 03, www.schales.de*
- ***Weingut Heinrich Seebrich,*** *55283 Nierstein, Schmiedgasse 3, GV, Tel. (06133) 6 01 50, E-Mail: weingut.seebrich@t-online.de*
- ***Weingut Villa Sachsen,*** *55411 Bingen, Mainzer Straße 184, GV, Gastronomie, Tel. (06721) 99 05 75, E-Mail: villa-sachsen@gmx.de*

Essen und Trinken

- ***Gebharts Weinstuben *,*** *55118 Mainz, Frauenlobstraße 95, Tel. (0631) 61 16 19*
- ***Stein's Traube **,*** *55162 Mainz-Finthen, Poststraße 4, Tel. (0631) 4 02 49*
- ***Stadtschänke **,*** *67547 Worms, Kranzbühlerstraße 1, Tel. (06241) 6 45 70*
- ***Weingut Nack ***,*** *55296 Gau-Bischofsheim, Pfarrstraße 13, Tel. (06135) 30 43*
- ***Weinlaube *,*** *55232 Alzey, Industriestraße 13, Tel. (06731) 40 30*
- ***Weinstube *,*** *55299 Nackenheim, Carl-Zuckmayer-Platz 3, Tel. (06135) 8 29 90*
- ***Zum Alten Weinkeller **,*** *55270 Schwabenheim, Schulstraße 6, Tel. (06130) 94 18 00*

Weinfeste

- ***Westhofen:*** *14 Tage nach Pfingsten Traubenblütenfest*
- ***Ingelheim:*** *Letztes Wochenende August bis erstes Wochenende September Rotweinfest*
- ***Worms:*** *Letztes August-Wochenende bis zum nächsten Sonntag Backfischfest*
- ***Mainz:*** *Letztes August-/erstes September-Wochenende Weinmarkt*

Weinanbaugebiete

Traubenlesen an der Hessischen Bergstraße - Blick vom Schlossberg auf St. Peter in Heppenheim

036wg Abb.: ne

Hessische Bergstraße

Überblick

Die Hessische Bergstraße gehört zu den kleinen Anbaugebieten Deutschlands. Hier, wo der Frühling in Deutschland zuerst einsetzt, erstrecken sich an den zur Sonne geneigten Hängen des Odenwaldes die Weinberge, die sich auch in die Südhänge der Seitentäler hineinziehen. In die Weinberge eingestreut sind Obstgärten, die gerade während der Baumblüte ein besonders schönes Bild dieser auch touristisch reizvollen Region zeigen. Zwischen Heppenheim und Zwingenberg und in der Enklave von Groß-Umstadt, die auch als „Odenwälder Weininsel" bezeichnet wird, erhält der Wein über 1600 Sonnenstunden im Jahr bei einer Jahresdurchschnittstemperatur von an die 10 °Celsius!

Wein von der Hessischen Bergstraße

Neben dem günstigen Klima geben die **Böden** der Hessischen Bergstraße ihrem Wein ihr besonderes Gepräge. Hier herrschen nicht zu schwere, tiefgründige Lößböden vor, daneben gibt es Buntsandsteinschläge bei Heppenheim und Verwitterungsböden bei Groß-Umstadt. Die Untergründe erwärmen sich schnell und die begrünten Böden speichern den Regen – ideale Bedingungen für den anspruchsvollen **Riesling**. Es werden hier feinrassige Weine erzeugt, die zarter und erdiger als die aus dem Rheingau sind. Neben dem Riesling hat der **Müller-Thurgau** zunehmende und der **Silvaner** leicht abnehmende Bedeutung in diesem typischen Weißweingebiet. Aber die roten Sorten Spätburgunder und Dornfelder sind auch hier im Kommen.

Das Weinbaugebiet der Hessischen Bergstraße verfügt über zwei Bereiche. Der **Bereich Starkenburg** entlang der zum Oberrheingraben abfallenden Hänge des Odenwaldes unterteilt sich in die Großlagen Schlossberg bei Heppenheim, Wolfsmagen bei Bensheim und Rott von Bensheim bis Alsbach. In der kleinen Enklave **Umstadt** gibt es überhaupt nur 6 Einzellagen auf annähernd 50 Hektar Rebfläche.

Weine von der Hessischen Bergstraße gelten als Rarität, weil sie kaum in den Handel gelangen.

Geschichte

Der Weinbau an der Hessischen Bergstraße hat offensichtlich auch römische Wurzeln. Jedenfalls fand man bei Ausgrabungen eines römischen Gutshofes in Groß-Umstadt ein Sandsteinrelief mit einer Traubendarstellung. Schon im frühen Mittelalter wurde im Lorscher Codex Weinbau für das Jahr 765 in Bensheim erwähnt. Durch die Trennung des geografisch und klimatisch recht einheitlichen Gebietes der Bergstraße in einen südlichen, badischen und einen nördlichen, hessischen Teil und die Übernahme dieser historischen Grenzen durch die Bundesländer Baden-Württemberg und Hessen blieb auch das Weinbaugebiet getrennt. Eine Angliederung des hessischen Teils an den Rheingau war nicht erwünscht, so dass durch das Weingesetz von 1971 das „bestimmte Anbaugebiet" Hessische Bergstraße geschaffen wurde.

Der Anteil hauptberuflich wirtschaftender und selbstvermarktender Winzer ist gering – es herrscht der **Nebenerwerbswinzer** vor, dessen Weine vor Ort und von den Gästen der Hessischen Bergstraße getrunken werden. Einzig das Staatsweingut Bergstraße und die Gebietswinzergenossenschaft streben auch übergebietliche Vermarktung an.

Sehenswertes

Will man Weine der Hessischen Bergstraße verkosten, muss man sich also vor Ort begeben. Die Reise lohnt sich schon alleine wegen der Sehenswürdigkeiten und landschaftlichen Reize der Odenwaldhänge.

Heppenheim ist der südlichste Ort der Hessischen Bergstraße. Der romantische Ort stand früher in engster Beziehung zum nahe gelegenen ↗Kloster Lorsch, von dem noch die karolingische Torhalle erhalten ist und zu dessen Schutz 1065 die Starkenburg oberhalb der Stadt errichtet wurde. Am mittelalterlichen Marktplatz von Heppenheim steht das Fachwerkrathaus. Der Kurmainzer Amtshof stammt aus dem Jahr 1230. Hier ist das Heimatmuseum untergebracht.

Genauso romantisch ist das nördlich gelegene **Bensheim** mit seinen schönen Fachwerkhäusern aus dem 16. bis 18. Jahrhundert und den alten Adelshöfen. Im nördlichen Stadtteil Auerbach befindet sich das Fürstenlager, eine ehemalige kurhessische Kur-

Ausflugs-Tipp zum Kloster Lorsch

Nur wenig westwärts von Heppenheim findet man in Lorsch einen zauberhaften Fachwerkort, ein Renaissance-Fachwerkrathaus und die um 800 erbaute karolingische Königshalle des ehemaligen Reichsklosters, eines der ältesten erhaltenen deutschen Bauwerke. Diese Halle bildete einst den Auftakt eines Triumphweges zum Heiligtum mit den Reliquien. Neuerdings wird auch der berühmte „Lorscher Codex" gezeigt, der bis auf das Jahr 760 zurückgeht.

Öffnungszeiten Museumszentrum Lorsch, Nibelungenstraße 35: täglich (außer montags) 10-17 Uhr (mittwochs bis 21 Uhr)

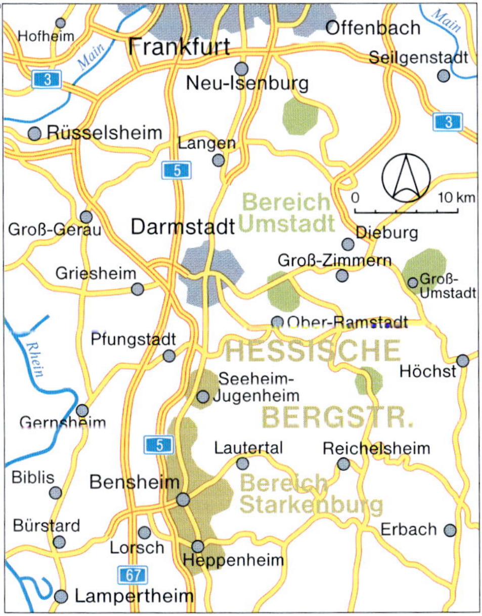

806wg

anlage mit pavillonartigen Bauten und der ehemaligen Sommerresidenz der hessischen Landgrafen. Oberhalb stehen die Ruinen des Auerbacher Schlosses, ebenfalls vom Kloster Lorsch zum Schutz seiner Güter angelegt.

Auch **Zwingenberg** verfügt über einen historischen Fachwerkaltstadtkern. Das Renaissance-Schlösschen beherbergt heute das Rathaus. Malerisch erhebt sich die Bergkirche über dem Ort.

Oberhalb von Alsbach erhebt sich die Ruine der **Burg Bickenbach,** auch Alsbacher Schloss genannt.

Abseits von der Bergstraße liegt **Groß-Umstadt,** ein kleines Örtchen mit schönem Renaissance-Rathaus, Marktbrunnen, vielen Fachwerkbauten und Adelshöfen.

Weinanbaugebiete

Wein-Tipps von der Hessischen Bergstraße

Information

- ***Weinbauverband Hessische Bergstraße e.V.,*** *64646 Heppenheim, Kettelerstraße 29, Tel. (06252) 7 56 54, Fax (06252) 78 82 56,*

Winzer

- ***Staatsweingut Bergstraße **,*** *64625 Bensheim, Grieselstraße 34-36, GV, Tel. (06251) 31 07*
- ***Bergsträsser Winzer e.G.,*** *64646 Heppenheim, Darmstädter Straße 56, GV, GAsch Wein- und Speiserestaurant Winzerkeller, Tel. (06252) 79 94 11, E-Mail: bergstraesser-winzer@t-online.de,*
- ***Weingut Simon-Bürkle,*** *64673 Zwingenberg, Wiesenpromenade 13, GV, Weinstube „Piano" in der Altstadt, Tel. (06251) 64 46, E-Mail: weingut.simon-buerkle@t-online.de,*
- ***Weingut der Stadt Bensheim,*** *64625 Bensheim, Darmstädter Straße 6, GV, GAsch, Tel. (06251) 58 00 17*

Essen und Trinken

- ***Am Bruchsee **,*** *64646 Heppenheim, Am Bruchsee 1, Tel. (06252) 96 00*
- ***Herrenhaus **,*** *64625 Auerbach, Fürstenlager, Tel. (06251) 7 22 74*
- ***Poststuben **,*** *64625 Auerbach, Schlossstraße 28, Tel. (06251) 7 29 87*
- ***Freihof **,*** *64673 Zwingenberg, Marktplatz 8, Tel. (06251) 7 95 59*

Weinfeste

- ***Heppenheim:*** *Bergsträßer Weinmarkt, neun Tage, beginnend mit dem letzten Wochenende im Juni*
- ***Bensheim:*** *Bergsträßer Winzerfest, neun Tage, beginnend mit der ersten Septemberwoche*
- ***Groß-Umstadt:*** *Odenwälder Winzerfest, erstes Wochenende nach dem 15. September*

Pfalz

Überblick

Nirgendwo sonst stehen die Rebflächen so dicht geschlossen wie in dem Weinbaugebiet der Pfalz, das sich südlich von Worms bis zum „Deutschen Weintor" an der elsässischen Grenze erstreckt.

Als Hinterlassenschaft aus der 400-jährigen Römerherrschaft in der Pfalz kann man den **ältesten Wein der Welt** in einer römischen Glasflasche im Museum Speyer bewundern. Mit Sitz in Worms errichteten die Burgunder 413 ihr Reich am Oberrhein, das schon 437 den Hunnen zum Opfer fiel. Das Nibelungenlied berichtet davon. Danach setzte die Frankenherrschaft auch in der Pfalz ein, mit der sich allmählich das wirtschaftliche und kulturelle Leben neu gestaltete. Dabei spielte der Weinbau eine große Rolle. Unter den Merowingern und Karolingern saßen hier Pfalzgrafen der deutschen Könige – daher der Name „Pfalz". Ab dem 12. Jahrhun-

▲ *Weinwanderweg bei Hambach*

dert ging die Pfalzgrafenwürde an die Wittelsbacher über. Heute ist die Pfalz Teil des Bundeslandes Rheinland-Pfalz und zweitgrößtes Weinbaugebiet Deutschlands.

Wein aus der Pfalz

Der pfälzische Weinbau erstreckt sich auf einem 80 Kilometer langen und bis zu 10 Kilometer breiten Streifen im Witterungsschatten der Nordvogesen, des Wasgau, des Pfälzer Waldes und der Haardt. Hier herrschen ideale **Klimabedingungen,** die Feigen, Mandeln, Edelkastanien und Tabak gedeihen lassen. Die **Böden** wechseln zwischen Buntsandstein, Löss und Lehm, Muschelkalk, Granit, Porphyr und Keuper. So bringt der Wein vielfältigste Geschmackserlebnisse hervor. Es sind überwiegend milde und weniger säurebetonte Weine, dennoch kräftig und vollmundig. Die Skala reicht vom Schoppenwein bis zum Spitzenwein.

Über ein Viertel der Fläche ist mit Müller-Thurgau bestockt, danach folgen Riesling, Kerner, Silvaner und Morio-Muskat, Scheurebe sowie verschiedene Neuzüchtungen. Auch gewinnen rote Reben an Bedeutung.

Zwei Drittel der Winzer arbeiten im Nebenerwerb. Ein Viertel des Weins wird von Genossenschaften vermarktet. **Selbstvermarktung** ist in allen Winzerorten der Pfalz üblich, entlang der Deutschen Weinstraße ausgeprägt mit den anderen Angeboten der Pfalz, angefangen vom Spargel, über alle Gemüsearten bis hin zum Obst. Daher ist in der Pfalz auch die **regionale Küche** besonders ausgeprägt. Wer kennt nicht den Pfälzer Saumagen?

Das Weinbaugebiet der Pfalz ist in zwei Bereiche mit 25 Großlagen und 300 Einzellagen aufgeteilt. Der nördliche **Bereich Mittelhaardt bis Deutsche Weinstraße** liegt mit 16 Großlagen zwischen dem

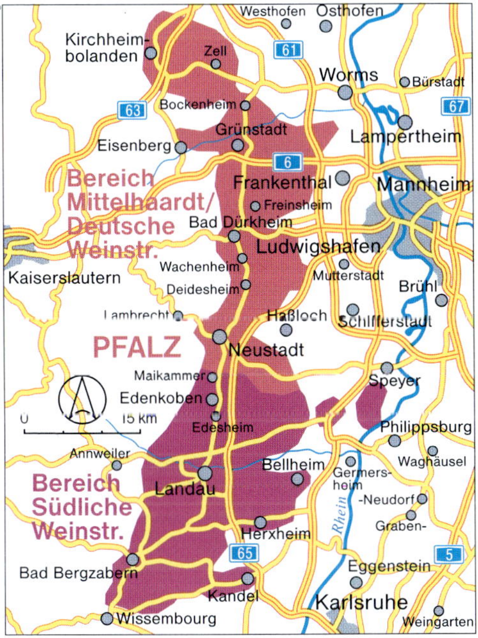

Flüsschen Pfrimm und Neustadt, der **Bereich der Südlichen Weinstraße** mit 9 Großlagen von Maikammer bis Schweigen.

Sehenswürdigkeiten

Die „touristische Achse" der Weinpfalz wird von der **Deutschen Weinstraße** gebildet. Es handelt sich hierbei um die erste und berühmteste Weinstraße der deutschen Weinbaugebiete. Die Idee zur deutschen Weinstraße wurde 1935 im Schweigener Wirtshaus „Zum bayerischen Jäger" geboren. Die Straße führt von Bockenheim im Norden bis nach Schweigen an der Grenze zum Elsass. Ihre Hinweisschilder tragen eine schwarze Traube auf gelbem Untergrund.

Ganz im Norden an der Pfrimm sind in **Zell** die ehemalige Grabeskirche des Heiligen Philipp und die Stiftskirche sowie im nahe gelegenen Bubenheim die romanische St. Peterskirche aus dem Jahr 1060 zu sehen, die älteste Kirche der Pfalz.

Weiter südlich ist der nächste größere Ort an der Deutschen Weinstraße **Grünstadt.** In der ehemaligen Residenz der Grafen von Leiningen sind noch Reste der alten Stadtbefestigung und Häuser aus dem 18. Jahrhundert vorhanden. Der Leininger Oberhof aus der Mitte des 18. Jahrhunderts hat ein prächtiges Barocktor. Nahe gelegen sind die **Burgen Altleiningen** und **Neuleiningen** sehr schön von der Autobahn aus zu sehen.

Südöstlich verfügt **Freinsheim** – neben Neuleiningen – als zweiter Ort in der Pfalz noch über große Teile seiner mittelalterlichen Befestigung mit Türmen und Toren. Im Ortskern stehen schöne Wohnbauten aus dem 17. bis 19. Jahrhundert.

Nördlich von **Bad Dürkheim** wurde bei Flurbereinigungsmaßnahmen am Weilberg in Ungestein eine römische Kelter freigelegt. Bad Dürkheim selbst ist „der" Kurort der Pfalz mit klassizistischem Kurhaus und Spielbank. Hier findet alljährlich im September der „Dürkheimer Wurstmarkt" statt, das größte Weinfest der Welt. Und am Wurstmarktplatz steht das „Dürkheimer Fass", mit 1,7 Millionen Litern das größte Weinfass der Welt. Bei der Stadtpfarrkirche handelt es sich um die ehemalige Burgkirche aus dem 13. Jahrhundert mit Barockturm, der klassizistisch erhöht wurde.

In der Kette der Weinorte an der Deutschen Weinstraße folgt **Deidesheim.** Typisch sind hier die schlossartigen Weingüter und alten Winzerfachwerkhäuser aus dem 16. bis 19. Jahrhundert. Das Gasthaus „Zur Kanne" aus dem Jahr 1160 ist das älteste Gasthaus der Pfalz. Das gotische Rathaus mit überdachter Freitreppe wurde im 16. Jahrhundert erneuert. Außerdem verfügt Deidesheim über ein Museum für Weinkultur.

Neustadt an der Weinstraße liegt im Zentrum der Pfalz. Das Stadtbild hat sich mittelalterlich erhalten können, weil die Franzosen 1689 Neustadt verschonten. Am schönen Marktplatz stehen das Rathaus und viele Wohnbauten mit Höfen. Das Casimirianum wurde 1579 vom Pfalzgrafen Casimir als evangelische Gegenuniversität zu Heidelberg gegründet. Die ehemalige Liebfrauenstiftskirche gehört zu den bedeutendsten Bauwerken der Pfalz. Neustadt verfügt auch über ein interessantes Weinmuseum.

In der Nähe erhebt sich das **Hambacher Schloss,** die neugotisch wieder aufgebaute salische Kestenburg aus dem 11. Jahrhundert, die durch die studentische Kundgebung vom Mai 1832 zur Einigung des Deutschen Reichs bekannt ist.

Ausflugs-Tipp zum ältesten Wein der Welt

In der Weinabteilung des Historischen Museums der Pfalz in Speyer kann man eine zylinderförmige grünlich-gelbe Glasflasche mit angesetztem Hals und zwei Henkeln in Delphinform (Amphora) besichtigen, die den ältesten erhaltenen Traubenwein enthält, der aus dem 3. Jh. n. Chr. stammt. Da Korkverschlüsse zu jener Zeit noch nicht gebräuchlich waren, wurde der Wein durch Auffüllen mit Olivenöl luftdicht verschlossen. Das Öl ist längst verharzt und hat den Wein so bis heute konserviert (Abb. siehe Seite 16).

Öffnungszeiten des Historischen Museums der Pfalz, 67324 Speyer, Domplatz, www.museum.speyer.de, dienstags bis sonntags von 10–18 Uhr (mittwochs bis 19 Uhr)

Landau in der Südpfalz wurde von französischen Truppen 1688 niedergebrannt und dann mit einer typischen Vauban'schen Festung versehen (Vauban war der Festungsbauer Ludwig XIV.), von der das Deutsche und das Französische Tor erhalten sind. Einige Häuser aus dem späten 17. und dem 18. Jahrhundert haben Laubengänge.

Der südlichste Teil der Deutschen Weinstraße führt kurvenreich durch idyllische Weinorte mit

Fachwerkhäusern wie Gleisweiler, Burrweiler, Frankweiler, Birkweiler oder etwa auch Leinsweiler und weiter über Klingenmünster, Bad Bergzabern bis Schweigen, wo das Deutsche Weintor steht.

Auch **Bad Bergzabern** kann mit vielen reizvollen Fachwerkhäusern aufwarten. Das Gasthaus „Zum Engel" (1579) gilt als schönstes Renaissance-Haus der Pfalz. Teile der Stadtbefestigung mit Dickem Turm und Storchenturm sind erhalten. Bemerkenswert ist auch das ehemalige Herzogsschloss als Teil der alten Stadtbefestigung.

Wein-Tipps aus der Pfalz

Information

- ***Pfalzwein e.V.,*** *67433 Neustadt an der Weinstraße, Chemnitzer Straße 3, Tel. (06321) 91 23 28, Fax (06321) 1 28 81, E-Mail: info@zum-wohl-die-pfalz.de, www.zum-wohl-die-pfalz.de*

Winzer

- ***Weingut Müller-Catoir ***,*** *67433 Haardt, Mandelring 25, GV, Tel. (06321) 28 15*
- ***Weingut Geheimer Rat Dr. von Bassermann-Jordan **,*** *67142 Deidesheim, Kirchgasse 10, GV, Tel. (06326) 60 06, www.bassermann-jordan.de*
- ***Weingut Dr. Bürklin-Wolf **,*** *67157 Wachenheim, Weinstraße 65, GV, Restaurant „Zur Kanne" Deidesheim, Tel. (06322) 9 53 30, www.sommeroper.de*
- ***Weingut Reichsrat von Buhl **,*** *67146 Deidesheim, Weinstraße 16, GV, Tel. (06326) 96 50, www.reichsrat-von-buhl.de*
- ***Weingut Koehler-Ruprecht **,*** *67169 Kallstadt, Weinstraße 84, GV, GAsch Restaurant „Weincastell zum Weißen Roß", Tel. (06322) 18 29*
- ***Weingut Friedrich Becker,*** *76889 Schweigen, Hauptstraße 29, GV, Gutsbrennerei, Tel. (06342) 2 90*
- ***Weingut Josef Biffar,*** *67146 Deidesheim, Niederkirchener Straße 13, GV, Tel. (06326) 50 29*
- ***Weingut Darting,*** *67098 Bad Dürkheim, Am Falltor 2, GV, Tel. (06322) 29 83, E-Mail: weingut.darting@t-online.de*
- ***Weingut Pfeffingen-Fuhrmann-Eymael,*** *67098 Bad Dürkheim, Pfeffingen an der Weinstraße, GV, Tel. (06322) 86 07*

- ***Weingut Karl Schaefer,*** *67098 Bad Dürkheim, Weinstraße Süd 30, GV, Tel. (06322) 21 38, www.weingutschaefer.de*
- ***Weingut Weegemüller,*** *67433 Neustadt-Haardt, Mandelring 23, GV, Tel. (06321) 8 37 72, E-Mail: weegemueller-weine@t-online.de*
- ***Weingut Dr. Wehrheim,*** *76831 Birkweiler, Weinstraße 8, GV, GAsch, Tel. (06435) 35 42, www.weingut-wehrheim.de*
- ***Weingut J.L. Wolf,*** *67157 Wachenheim, Weinstraße 1, GV nach Vereinbarung, Tel. (06322) 98 97 95, www.drloosen.de*

Essen und Trinken

- ***Scharfes Eck **,*** *67269 Grünstadt-Asselheim, Holzweg 6, Tel. (06359) 8 00 30*
- ***Alte Pfarrey ***,*** *67271 Neuleiningen, Untergasse 54, Tel. (06359) 8 60 66*
- ***Von-Busch-Hof **,*** *67251 Freinsheim, Buschhof 5, Tel. (06353) 77 05*
- ***Historische Gaststätte Karlbacher **,*** *67229 Großkarlbach, Hauptstraße 57, Tel. (06238) 37 37*
- ***Graf zu Leiningen,*** *67098 Bad Dürkheim, Schloßplatz 1 (direkter Zugang zur Spielbank), Tel. (06322) 79 70*
- ***Schwarzer Hahn ******* *und* ***Weinstube St. Urban **,*** *67146 Deidesheim, Am Marktplatz (im Deidesheimer Hof), Tel. (06326) 9 68 70*
- ***Beckers Gut ***,*** *67434 Neustadt an der Weinstraße, Weinstraße 507a (Diedesfeld), Tel. (06321) 21 95*
- ***Wein-Castell **,*** *67483 Edesheim, Staatsstraße 21 (an der B 38), Tel. (06323) 23 92*
- ***Landhaus Herrenberg Gutsrestaurant **,*** *76829 Landau i.d. Pfalz, Lindenbergstraße 72, Tel. (06341) 6 02 05*
- ***Pfälzer Stube **,*** *76863 Herxheim, Hauptstraße 62 (im Silencehotel), Tel. (07276) 50 80*

Winzer- und Volksfeste

- ***Deidesheim:*** *Geißbockversteigerung am Dienstag nach Pfingsten, Weinkerwe am zweiten und dritten Wochenende im August*
- ***Erlebnistag Deutsche Weinstraße:*** *Sperrung der Weinstraße für motorisierten Verkehr am letzten Sonntag im August*
- ***Bad Dürkheim:*** *Zweites und drittes September-Wochenende Wurstmarkt*
- ***Billigheim-Ingelheim:*** *Billigheimer Purzelmarkt, drittes Wochenende im September (größtes und ältestes Volksfest der Pfalz)*
- ***Neustadt an der Weinstraße:*** *Deutsches Weinlesefest an den ersten beiden Wochenenden im Oktober*

Weinanbaugebiete

038wg Abb.: mb

Baden

Überblick

„Von der Sonne verwöhnt" – so heißt der einprägsame Werbespruch der badischen Winzer. Mit dem Kerngebiet am Oberrhein erstreckt sich das badische Weinbaugebiet vom Bodensee bis zur Tauber. Unmöglich, dass bei dieser Ausdehnung das Anbaugebiet eine einheitliche Struktur hat. Hier sind Menschen fränkischer, hessischer, kurpfälzischer, schwäbischer und etwa auch alemannischer Herkunft zu Hause. Trotz aller Unterschiedlichkeit – oder vielleicht gerade deswegen – tritt der Gemeinschaftssinn deutlich durch die starke Position der Genossenschaften hervor.

▲ *Terrassenweinbau in Oberbergen am Kaiserstuhl*

In Baden wurde die Qualitätsverbesserung des Weins besonders nachhaltig betrieben. Dass sich die Mengen aus einer besonders guten Ernte des Jahres 1983 nur schwer absetzen ließen, bewirkte eine Mengenbegrenzung des Ertrages. Die Qualität wurde dadurch verbessert und der Weg zum trockenen Wein als Essensbegleiter konsequent beschritten.

Wein aus Baden

Angesichts der geschilderten Ausdehnung zerfällt der badische Weinbau in mehrere Weinlandschaften mit starker Eigenständigkeit. Auch die **Böden** sind entsprechend unterschiedlich und reichen vom Moränenschotter am Bodensee über Kalk und Keuper, Ton und Mergel bis hin zu flächigen Lössablagerungen mit großen vulkanischen Einschlüssen. Günstige Klimabedingungen lassen auf den warmen und fruchtbaren badischen Böden **wuchtige und körperreiche Weine** wachsen.

Ein wesentliches Merkmal der badischen Weine ist ihre Sortenvielfalt. Traditionell spielen dabei die **Burgundersorten** die wichtigste Rolle. Der Ruländer, der heute zunehmend unter der Bezeichnung „Grauburgunder" angeboten und früh geerntet wird, ist mit knackiger Fruchtsäure und trocken ausgebaut angenehm leicht zu trinken. Er stammt heute hauptsächlich vom Kaiserstuhl. Weitere Weißweinsorten sind Müller-Thurgau, Gutedel, Riesling und Silvaner neben dem Weißburgunder. Und unter den roten Sorten führt eindeutig der **Blaue Spätburgunder.**

Geschichte

Der von den Römern im heutigen Baden begonnene Weinbau wurde von den Alemannen übernommen. Im Mittelalter erreichte der Weinbau hier seine erste Blütezeit. Frühe Belege des Weinbaus stammen aus einer Schenkungsurkunde des Klosters St. Gallen aus dem Jahr 670. Um 800 sind bereits über 80 Winzer-Ortschaften in Baden bekannt. Eine erste klösterliche Rebordnung stammt aus der Zeit um 1200. Der Rückgang am Ende des Mittelalters war in Baden etwas weniger ausgeprägt als in anderen Weinbauregionen. Nachhaltig wirkte sich aber der Einbruch der Reblaus zu Beginn des 20. Jahrhunderts aus. Doch die Probleme sind überwunden, der badische Weinbau hat eine Renaissance gefunden und wurde modernisiert, wozu die vorbildliche Organisation und auch die Flurbereinigung beigetragen haben.

Unterteilt wird das Weinbaugebiet Baden in acht in sich abgeschlossene Bereiche mit 16 Großlagen und über 300 Einzellagen.

Am **Bodensee** reichen die Weinberge bis auf 570 Meter Höhe. Die Fläche des Sees wirkt wie ein Spiegel, der die Sonnenbestrahlung der Hänge intensiviert. Nicht umsonst heißt hier die Großlage „Sonnenufer", deren Weingärten in der Umgebung von Überlingen, Meersburg, Markdorf, Konstanz und auf der Insel Reichenau sowie im Klettgau liegen.

Im **Markgräflerland** zwischen Basel und Freiburg wird vor allem die Sorte Gutedel angebaut, die hier einen angenehm leichten Schoppenwein ergibt.

Der **Tuniberg** wurde aufgrund seiner eigenständigen Weincharakteristik 1991 vom Bereich Kaiserstuhl abgetrennt und zu einem eigenen Bereich ernannt. Der **Kaiserstuhl** ragt weithin sichtbar aus der Rheinebene empor, vor 30 Millionen Jahren durch gewaltige Vulkaneruptionen hinauf gehoben. Sein Kleinklima, der vulkanische Untergrund und die dicken Lössanwehungen lassen hier den Blauen Spätburgunder besonders gedeihen.

Im **Bereich Breisgau** zwischen Freiburg und Lahr entstehen süffige und blumige Schoppenweine. Doch gibt es hier auch ebenso Spitzenqualitäten aus Ruländer und Spätburgunder etwa aus dem Glottertal.

809wg
FRANKREICH
Strasbourg
Rhein
Rheinau
Sinzheim
Baden-Baden
Bühl
Ottersweier
Achern
Bereich Ortenau
Oberkirch
Offenburg
Gengenbach
BADEN
Lahr
Kinzig
Wolfach
5
Ettenheim
Bereich Breisgau
Herbolzheim
Kenzingen
Hornberg
Endingen
Bereich Kaiserstuhl
Emmendingen
Triberg
Oberrotweil
Waldkirch
Denzlingen
Breisach
March
BADEN
Furtwangen
Freiburg
Bereich Tuniberg
Bad Krozingen
Ehrenkirchen
Titisee-Neustadt
Staufen
Todtnau
Müllheim
Bonndorf
Bereich Markgräflerland
Kandern
Zoll
BADEN
0
15 km
Steinen
Schopfheim
Wehr
Waldshut-
-Tiengen
Lörrach
Albbruch
Rheinfelden
Basel
Bad Säckingen
Laufenberg
Rhein

808wg

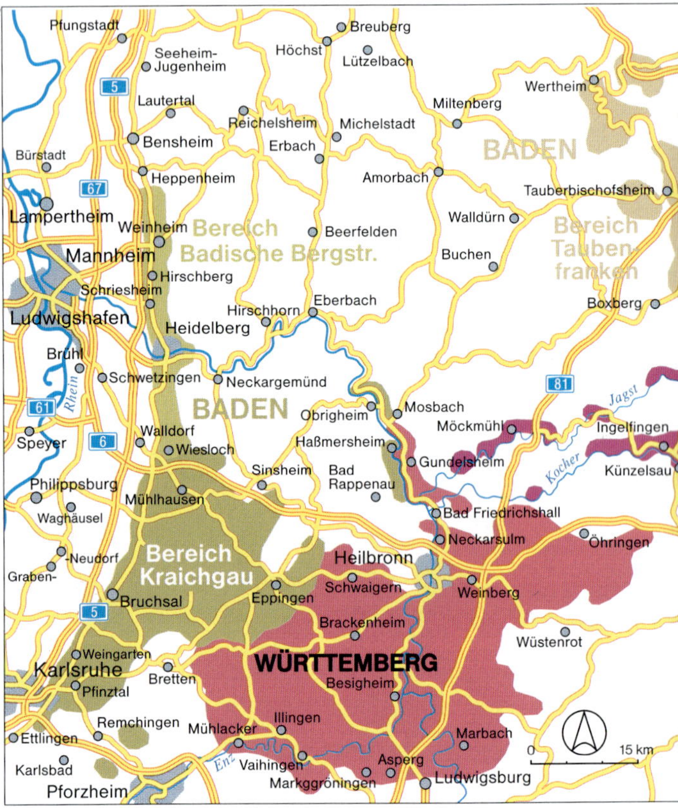

In der **Ortenau** zwischen Offenburg und Baden-Baden sind neben einfachen Schoppenweinen auch erlesene Spitzengetränke anzutreffen – und beste Restaurants! Hier bringt der Riesling hervorragende Qualitäten und der Spätburgunder samtige Höhen. Eine Besonderheit stellen die Flaschenformen der Ortenau dar. Es gibt Bocksbeutel (siehe Ex-

kurs Seite 159), die traditionell aus Franken stammen, Affentaler Rotwein in Flaschen, die mit goldfarbenen Affen verziert sind, und es gibt noch die Buddel aus Bühl.

Die **Badische Bergstraße** schließt sich an die Hessische an. Der Bereich erhielt für seinen östlichen Teil bis Pforzheim die Zusatzbezeichnung **Kraichgau.** Hier glaubt man, sich schon in Württemberg zu befinden. Riesling spielt noch eine große Rolle, Weißburgunder ist im Kommen. Spitzenlagen befinden sich entlang der Badischen Bergstraße.

Gleichermaßen erhielt der **Bereich Tauberfranken** 1991 eine eigenständige Bezeichnung – zu Recht! Dieser nördlichste Teil des badischen Weinbaugebietes reicht von Bad Mergentheim über Tauberbischofsheim bis an den Main. Die Böden haben hier schon fränkischen Charakter. Es wird überwiegend die Müller-Thurgau-Rebe angebaut, die teilweise auch in Bocksbeutelflaschen abgefüllt wird. Die relative Kühle der Region gibt dem Müller-Thurgau eine langsame Reife und damit sein intensiveres Aroma, dennoch ist er zarter als andernorts.

Sehenswürdigkeiten

Baden zählt zu den landschaftlich reizvollsten Gebieten Deutschlands, verfügt über eine lange kulturelle Tradition und erfüllt höchste gastronomische Ansprüche. Die Reise durch Baden beginnt am **Bodensee** mit der wunderschönen Wallfahrtskirche St. Marien, die bei **Birnau** in erhöhter Lage über dem Ufer weithin sichtbar ist – ein barockes Kleinod!

In **Meersburg** steht das Alte Schloss, eine Burganlage, die in ihren Anfängen auf das 7. Jahrhundert zurückreicht, ihr heutiges Aussehen aber am Ende des Mittelalters erhielt. Das historische Ortsbild ist reizvoll. Das Neue Schloss ist eine Barockanlage der Fürstbischöfe von Konstanz.

Die Bodenseeinsel **Reichenau** zeichnet sich durch Stätten alter christlicher Kunst aus. Im Wesentlichen romanisch sind das Münster St. Maria und Markus sowie die Stiftskirche St. Georg. Etwas später entstand die Stiftskirche St. Peter und Paul.

Den Oberrhein abwärts findet man im Seitental von Badenweiler die vom römischen Kaiser Vespasian erbauten Bäder. In **Staufen** steht das Gasthaus „Löwen", in dem Dr. Faustus gewohnt hat. Er gab Goethe das Vorbild für sein gleichnamiges Drama. Oberhalb erheben sich die Ruinen des Renaissance-Schlosses von Staufen.

Freiburg ist die alte Zähringer-Hauptstadt mit dem Münster, dem berühmten Wahrzeichen der Stadt. Am Münsterplatz steht das spätgotische Alte Kaufhaus mit den vier Kaiserfiguren. Das Stadtbild weist viele schöne Kirchen, Reste der Stadtbefestigung mit Toren, Brunnen und alte Bürgerhäuser auf.

Über den Tuniberg gelangt man nach **Breisach,** das auf einem Felsen oberhalb des Rheins liegt. Auf dem Weg dorthin trifft man auf die Ehrentrudiskapelle, die sich über Munzingen, an der Südspitze des Tunibergs, befindet. Im Stephansmünster steht der weltberühmte Breisacher Schnitzaltar, in seiner Westhalle schuf Martin Schongauer sein monumentales Weltgerichtsfresko.

Das sich nördlich erstreckende, über 500 Meter hohe vulkanische **Kaiserstuhlmassiv** ist das wärmste Gebiet Deutschlands mit mittelmeerischer Flora und Fauna und reizvollen Weindörfern.

Weiter nördlich begeistert im mittelbadischen **Offenburg** der Fischmarkt mit seiner geschlossenen historischen Bebauung. **Bühl** ist nicht nur durch seine Zwetschgen bekannt. Hier ist das Rathaus in einer alten Kirche untergebracht.

Baden-Baden war schon zur Römerzeit Kurbad. Auch heute gibt es mondänes Bade- und Casinoleben mit dem klassizistischen Kurhaus als Mittelpunkt. Sehenswert sind die Stiftskirche, das Neue Schloss und die Zisterzienserinnenabtei Lichtental.

Karlsruhes Mittelpunkt ist das Schloss mit seinem weit aufragenden Turm, von dem 32 Straßen fächerförmig in die Stadt ausgehen. Es ist auch die auf dem Reißbrett geplante neue Residenzstadt der badischen Markgrafen.

Über **Bruchsal** mit dem Barockschloss der Speyrer Fürstbischöfe gelangt man nach **Heidelberg.** In dieser schönen alten Stadt trifft man auf das malerische, oberhalb der Neckarbrücke gelegene Schloss. Dort ist das berühmte Heidelberger Fass aus dem Jahre 1751 mit einem Fassungsvermögen von 220.000 Litern ausgestellt.

Wunderschöne Orte im Taubertal weist der badische Weinbaubereich Tauberfranken auf. In **Bronnbach** lohnt die Zisterzienserklosterkirche St. Maria einen Besuch. Das malerische Stadtbild von **Tauberbischofsheim** ist mit seinen vielen Fachwerkhäusern einmalig. Sehenswert ist insbesondere auch das ehemalige kurmainzische Schloss.

Bad Mergentheim war fast 300 Jahre Residenz der Deutschordens-Hochmeister. Ihnen verdankt die Stadt ihre regelmäßige Anlage mit den beiden von Nord nach Süd und von West nach Ost verlaufenden Achsen. Die ehemalige Wasserburg war seit dem 13. Jahrhundert im Besitz des Ordens.

Wein-Tipps aus Baden

Information

- ***Weinwerbezentrale badischer Winzergenossenschaften e.G.,*** *76185 Karlsruhe, Kesslerstraße 5, Tel. (0721) 55 70 28, Fax (0721) 55 70 20, E-Mail. badische.weinwerbung@t-online.de, www.badischerwein.com*

Winzer

- ***Weingut Bercher **,*** *79235 Vogtsburg-Burkheim, Mittelstadt 13, GV, Tel. (07662) 2 12, www.germanwine.de*

● ***Weingut Dr. Heger **,*** *79241 Ihringen, Bachenstraße 19, GV, Tel. (07668) 2 05, E-Mail: weingutdr.heger@t-online.de*

● ***Weingut Bernhard Huber **,*** *79364 Malterdingen, Heimbacher Weg 19, GV, Tel. (07644) 12 00*

● ***Weingut Andreas Laible **,*** *77770 Durbach, Am Bühl 6, GV, Tel. (0781) 4 12 38*

● ***Weingut Schloss Neuweiher **,*** *76534 Baden-Baden, Mauerbergstraße 21, GV, Restaurant im Schloss, Tel. (07223) 9 66 70*

● ***Weingut Abril *,*** *79235 Bischoffingen, Talstraße 9, GV, Tel. (07662) 2 55, Internet: www.abril.de*

● ***Weingut Jakob Duijn,*** *77815 Bühl-Kappelwindeck, Hohbaumweg 16, GV nach Vereinbarung, Tel. (07223) 2 14 97, Internet: www. weingut-jacob.duijn.de*

● ***Weingut Fischer,*** *79331 Nimburg-Bottingen, Auf der Ziegelbreite 8, GV, Tel. (07663) 17 47*

● ***Weingut Ernst Heinemann & Sohn,*** *79238 Ehrenkirchen-Scherzingen, Mengenerstraße 4, GV, Tel. (07664) 63 51*

● ***Weingut Karl H. Johner,*** *79235 Bischoffingen, Gartenstraße 20, GV, Tel. (07662) 60 41, www.johner.de*

● ***Franz Keller Schwarzer Adler,*** *79235 Oberbergen, Badbergstraße 23, GV, Hotelrestaurant „Zum Schwarzen Adler", Tel. (07662) 9 33 00, E-Mail: franz-keller@t-online.de*

● ***Weingut Michel,*** *79235 Achkarren, Winzerweg 24, GV, Tel. (07662) 4 29*

● ***Weingut Schloss Ortenberg,*** *77799 Ortenberg, Am Sankt Andreas 1, GV, Tel. (0781) 9 43 30, E-Mail: weingutschlossortenberg@t-online.de*

● ***Weingut Salwey,*** *79235 Oberrotweil, Hauptstraße 2, GV, Tel. (07662) 3 84*

● ***Weingut Hartmut Schlumberger,*** *79295 Laufen, Weinstraße 19, GV, Tel. (07634) 89 92, www.schlumbergerwein.de*

● ***Weingut Seeger, 69181 Leimen,*** *Rohrbacher Straße 101, GV, GAsch, Tel. (06224) 7 21 78, www.seegerweingut.de*

Essen und Trinken

● ***Winzerstube Zum Becher **,*** *88709 Meersburg, Höllgasse 4 (beim Neuen Schloss), Tel. (07532) 90 04*

● ***Bürgerbräu **,*** *88662 Überlingen, Aufkirchener Straße 20, Tel. (07551) 9 27 40*

● ***Adler ***,*** *79576 Weil am Rhein, Hauptstraße 139, Tel. (07621) 70 70*

● ***Zur Krone *,*** *79424 Auggen, Hauptstraße 12, Tel. (07631) 25 56*

● ***Hirschen ***,*** *79295 Sulzburg, Hauptstraße 69, Tel. (07634) 82 08*

- ***Winzerstube Drei Linden* *,** *79295 Laufen, Weinstraße 38, Tel. (07634) 59 25 82*
- ***Gasthaus Storchen* *,** *79189 Schmidhofen, Felix-Nabor-Straße 2, Tel. (07633) 39 66*
- ***Enoteca* **,** *79098 Freiburg, Gerberau 21 8, Tel. (0761) 3 89 91 30*
- ***Alte Weinstube Zur Traube* **,** *79098 Freiburg, Schusterstraße 8, Tel. (0761) 3 21 90*
- ***Badische Weinstube* **,** *79206 Breisach am Rhein, Münsterberger Straße 23, Tel. (07667) 83 80*
- ***Schwarzer Adler* ***,** *79235 Oberbergen im Kaiserstuhl, Badbergstraße 23, Tel. (07662) 9 33 00 (siehe auch: Winzer)*
- ***Weinstube Steinbuck* **,** *79235 Bischoffingen im Kaiserstuhl, Steinbuckstraße 20, Tel. (07662) 91 12 10*
- ***Dammenmühle* *,** *77933 Sulz, Dammenmühle 1, Tel. (07821) 9 39 30*
- ***Gasthof Blume* *,** *77654 Rammersweier, Weinstraße 160, Tel. (0781) 3 36 66*
- ***Haus am Berg* **,** *77704 Oberkirch, Am Rebhof 5, Tel. (07802) 47 01*
- ***Gute Stub* **,** *77815 Bühl, Dreherstraße 9, Tel. (07223) 84 80*
- ***Zum Rebstock* *,** *77815 Kappelwindeck, Kappelwindeckstraße 85, Tel. (07223) 2 21 09*
- ***Poststuben* **,** *74889 Sinsheim, Hauptstraße 22, Tel. (07261) 20 21*
- ***Belvedere* **,** *76646 Bruchsal, Adolf-Bieringer-Straße 20, Tel. (07251) 80 20*
- ***Winzerhof* **,** *69231 Rauenberg, Bahnhofstraße 6, Tel. (06222) 95 20*
- ***Weinkeller Freihof* **,** *69168 Wiesloch, Freihofstraße 2, Tel. (06222) 57 60*
- ***Schloßweinstube Schönmehl* **,** *69117 Heidelberg, Schlosshof, Tel. (06221) 9 79 70*
- ***Winzerstube* *,** *69469 Lützelsachsen, Sommergasse 7, Tel. (06201) 5 22 98*
- ***Landhaus Gemmrig* *,** *97922 Königshofen, Hauptstraße 68, Tel. (09343) 70 51*
- ***Ratskeller* *,** *97922 Lauda, Josef-Schmitt-Straße 17, Tel. (09343) 6 20 70*

Weinfeste und Weinmärkte

- ***Müllheim:*** *Weinmarkt Ende April*
- ***Offenburg:*** *Weinmarkt zweites Mai-Wochende*
- ***Steinbach (Baden-Baden):*** *Mittelalterliche Winzertage zweites Juni-Wochenende*
- ***Staufen:*** *Markgräfler Weinfest Anfang August*
- ***Breisach:*** *Kaiserstuhl-Tuniberg-Weinfest Ende August*
- ***Bühl:*** *Bühler Zwetschgenfest mit Weinmarkt am 2. September-Wochenende*

Weinanbaugebiete

039wg Abb.: hb

▲ *Weinberg-landschaft bei Heilbronn*

Württemberg

Überblick

Wo kann man das „Viertele" besser genießen als in Württemberg? „Schlotzen" sagt man hier und man trinkt das Viertele aus Gläsern mit griffigen Henkeln. Überhaupt verbrauchen die Württemberger ihren Wein am liebsten selbst. Nur zehn Prozent der Produktion geht „ins Ausland" – sei es in die anderen Bundesländer oder gar über die Grenzen.

Weit verbreitet sind die Weingärten in Schwaben zwischen Reutlingen im Süden und Bad Mergentheim im Norden, konzentriert auf die warmen Hänge des Neckars und seiner Nebenflüsse Rems, Bottwar, Murr, Enz, Zaber, Kocher und Jagst. Die bedeutendste württembergische Weinstadt ist Heilbronn. Es gehören auch noch kleine Rebflächen am Bodensee dazu. Vorwiegend wird der Wein in Hang- und Steillagen angebaut, zum Teil auch terrassiert.

Wein aus Württemberg

In Württemberg herrscht der **Kleinbetrieb** vor. Nur wenige Betriebe weisen mehr als fünf Hektar Rebfläche auf. So hat sich in Württemberg das Genossenschaftswesen mit der Zentralgenossenschaft in Möglingen stark durchsetzen können. Selbstvermarkter sind daher weniger anzutreffen. Es gibt auch renommierte Weingüter, teilweise als Adelsgüter, teilweise gingen sie aus dem säkularisierten Klosterbesitz hervor.

Der Württemberger Weinbau ist durch Sortenvielfalt und den traditionellen Anbau roter Reben gekennzeichnet. Die **Witterungsbedingungen** sind im Schutz des Schwarzwaldes und der Schwäbischen Alb günstig für den Weinbau, wobei sich der Einfluss des Kontinentalklimas mit kälteren Wintern und trockeneren Sommern bemerkbar macht. Die größtenteils tiefgründigen württembergischen **Weinböden** zeichnen sich durch eine gute Wasserführung aus und wechseln oft in Abhängigkeit von der Höhenlage – von Keuper zu Muschelkalk.

Geschichte
Nach Ausgrabungsfunden hat der Weinbau in Württemberg die längste Tradition in Deutschland. Schon um 3500 v. Chr. wurden hier Weinreben bewirtschaftet. Die Anfänge des gezielten Weinbaus in Schwaben gehen auf die Römer zurück. Die erste mittelalterliche Erwähnung des württembergischen Weinbaus findet man auf einer Schenkungsurkunde aus dem Jahre 766 des Klosters Lorsch für Böckingen. Im Mittelalter waren die Rebflächen in Württemberg fünfmal größer als heute.

Fast zwei Drittel der württembergischen Rebfläche ist mit **roten Trauben** bestockt. Der Rebsortenspiegel der roten Sorten wird vom **Trollinger** angeführt, einer schwäbischen Spezialität. Weitere rote Sorten sind der Lemberger, der Schwarzriesling, dann auch Blauer Spätburgunder und Blauer Portugieser. Die beiden letztgenannten Sorten werden auch zum jugendlich anmutenden Weißherbst (siehe „Weinspezialitäten") verarbeitet.

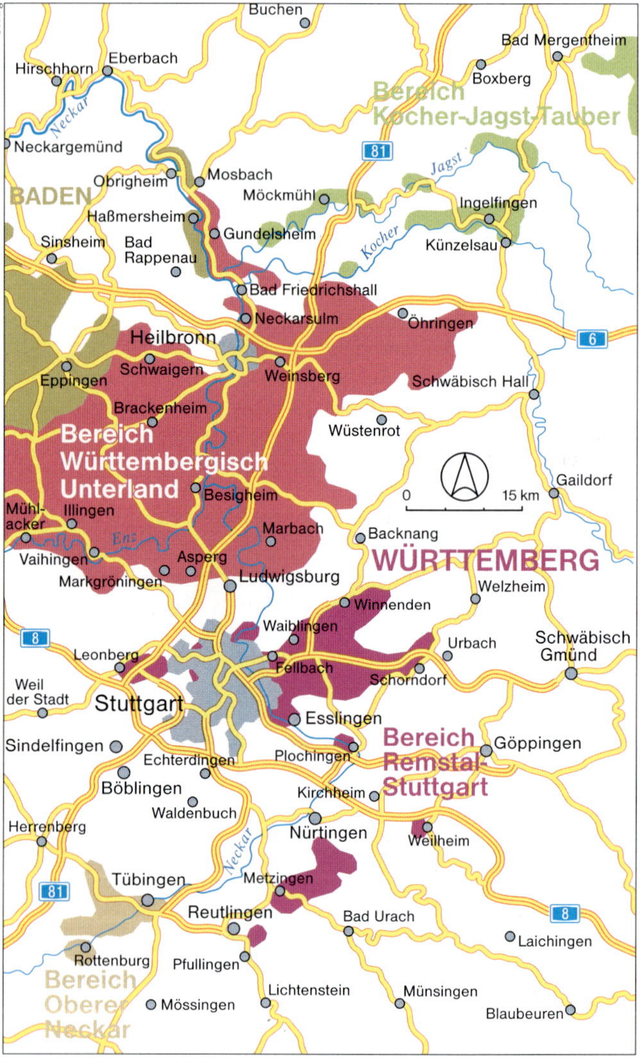
811wg
Buchen
Bad Mergentheim
Hirschhorn
Eberbach
Boxberg
Bereich Kocher-Jagst-Tauber
Neckar
Neckargemünd
81
Jagst
Obrigheim
Mosbach
BADEN
Möckmühl
Ingelfingen
Haßmersheim
Gundelsheim
Kocher
Künzelsau
Sinsheim
Bad Rappenau
Bad Friedrichshall
Neckarsulm
Öhringen
Heilbronn
6
Schwaigern
Weinsberg
Eppingen
Schwäbisch Hall
Brackenheim
Wüstenrot
Bereich Württembergisch Unterland
Gaildorf
0
15 km
Besigheim
Mühl-acker
Illingen
Marbach
Backnang
Enz
Vaihingen
Asperg
WÜRTTEMBERG
Markgröningen
Ludwigsburg
Welzheim
Winnenden
Waiblingen
8
Urbach
Schwäbisch Gmünd
Leonberg
Fellbach
Schorndorf
Weil der Stadt
Stuttgart
Esslingen
Bereich Remstal-Stuttgart
Sindelfingen
Göppingen
Echterdingen
Plochingen
Böblingen
Kirchheim
Waldenbuch
Nürtingen
Herrenberg
Weilheim
Neckar
Tübingen
Metzingen
81
Reutlingen
Bad Urach
8
Laichingen
Rottenburg
Pfullingen
Bereich Oberer Neckar
Lichtenstein
Münsingen
Mössingen
Blaubeuren

Gebietstypisch ist zudem der aus roten und weißen Trauben gekelterte **Schillerwein** (s. „Weinspezialitäten"), ein Rotling mindestens der Qualitätsstufe „Qualitätswein bestimmter Anbaugebiete". Unter den **weißen Sorten** dominiert der Riesling, gefolgt vom Müller-Thurgau, Kerner, Silvaner und schließlich Ruländer.

Das Weinbaugebiet Württemberg ist in sechs Bereiche mit 17 Großlagen und über 200 Einzellagen unterteilt. Die vier **Bereiche Kocher-Jagst-Tauber, Württembergisch Unterland, Remstal-Stuttgart** und **Oberer Neckar** erbringen den Hauptteil württembergischer Weine. Darüber hinaus gibt es noch den **Bereich Württembergischer Bodensee** mit kleinen Flächen bei Kreßborn und den Bereich **Bayerischer Bodensee** mit der Großlage Lindau mit drei Einzellagen sowie Einzelflächen zwischen Nonnenhorn und Zech, die dennoch alle zum Weinbaugebiet Württemberg zählen.

Sehenswertes

Die Reise durch die württembergischen Weinbaugebiete beginnt am oberen Neckar in der alten Universitätsstadt **Tübingen.** In der Unteren Stadt stehen zahlreiche Fachwerkhäuser mit ihren ausdrucksvollen Fronten zum Neckar. In der Stiftskirche am Markt findet man das Grabgelege der württembergischen Fürsten. Das Renaissance-Rathaus trägt Sgrafittomalerei, eine wetterbeständige, eingeritzte Wandmalerei. Im Hölderlinturm verbrachte der gleichnamige Dichter seine Jahre der Umnachtung bis zum Tod 1843. Oberhalb der Stadt erhebt sich das Schloss Hohentübingen.

Den Neckar abwärts geht es über **Esslingen** mit seinem historischen Stadtbild und der alten Neckarbrücke nach **Stuttgart,** der Landeshauptstadt von Baden-Württemberg. Die Stiftskirche und der Fruchtkasten, ein Renaissance-Gebäude mit Grundmauern aus dem 14. Jahrhundert, sind die beherrschenden Gebäude des Schillerplatzes, auf dem auch das Denkmal des Dichters von Thorwaldsen steht. Weitere sehenswerte Kirchen sind die gotische Spitalkirche und Leonardskirche sowie eine Reihe moderner Kirchen wie etwa die Markuskirche am Markusplatz. An Schlössern bietet Stuttgart das aus einer mittelalterlichen Wasserburg entstandene Alte Schloss, das Neue Schloss, das zauberhaft auf einem Bergrücken außerhalb der Stadt gelegene Lustschloss Solitude und als herzoglicher Landsitz Schloss Hohenheim im gleichnamigen Vorort. Ein Weinbaumuseum befindet sich in Uhlbach (geöffnet April bis Oktober samstags 14-18 Uhr, sonntags 10-12 und 14-18 Uhr, Tel. (0711) 21 62 57).

Ausflugs-Tipp zum Weinmuseum Metzingen

Das Ensemble der sieben Weinkeltern ist die Besonderheit Metzingens im Seitental der Erms, die unterhalb von Tübingen in den Neckar mündet. In einem dieser sieben Prachtbauten besteht seit 1971 ein Weinmuseum. Diese „Herrschaftskelter" wurden wohl von den Herren von Weinsberg erbaut. Der 15 Meter lange und über 300 Jahre alte Kelterbaum ist ein Monument der Technikgeschichte. Öffnungszeiten: April bis Oktober sonntags von 10-17 Uhr, Tel. (07123) 1 52 38

Die zentrale Achse des Weinbaugebietes Württembergisch Unterland bildet das Tal des Neckars zwischen Ludwigsburg und Heilbronn. In **Ludwigsburg** ließ Herzog Eberhard Ludwig nach dem Vorbild von Versailles ab 1704 ein Prunkschloss aus 18 Bauten mit 400 Räumen errichten, das seine Nachfolger vollendeten. Der Schlosspark stellt die Fortsetzung des Palastes unter freiem Himmel dar. Nördlich des Baukomplexes liegen die Schlösschen Favorite und Monrepos.

Im nahe gelegenen **Asperg** steht die Festung Hohenasperg als altes Württembergisches Staatsgefängnis.

Etwas westlich weist **Markgröningen,** in einem Seitental der Enz, ein reizvolles historisches Stadtbild auf.

Die Enz aufwärts kann man in **Vaihingen** die Stadtbefestigung sehen. Beachtenswert sind das barocke Rathaus und Schloss Kaltenstein. Vaihingen verfügt auch im Vorort Horrheim über ein Weinmuseum mit mächtigem Kelterbaum. Geöffnet nach Voranmeldung, Tel. (07042) 32 85.

Neckarabwärts findet man in **Marbach** das Schiller-Haus und das Schiller-Nationalmuseum. In **Besigheim** besticht das historische Stadtbild mit der alten Enzbrücke. Reizvoll liegt das befestigte kleine Städtchen **Lauffen** oberhalb des Neckars.

Heilbronn profitiert von seiner verkehrsgünstigen Lage. Berühmt ist die Renaissance-Kunstuhr am gotischen Rathaus. Vor der gotischen Kilianskirche steht der Siebenröhrenbrunnen. Der Götzenturm ist ein Überbleibsel der alten Stadtbefestigung.

Im nördlich gelegenen **Neckarsulm** ist das weltberühmte Zweiradmuseum in den Mauern des renovierten Deutschordensschlosses untergebracht.

Reizvoll sind die Flussläufe im Bereich Kocher-Jagst-Tauber. Am Unterlauf des Neckars, unterhalb der Einmündung von Kocher und Jagst, findet man das romantische Städtchen **Neckarzimmern** mit der Hornburg des Götz von Berlichingen.

Sehenswert ist im mittleren Bereich der Jagst **Jagsthausen** mit der Götzenburg, in der im Sommer Festspiele stattfinden.

Ausflugs-Tipp zum Kloster Maulbronn

Ganz im Westen des Weinbaugebietes Württembergisch Unterland liegt Kloster Maulbronn, die besterhaltene deutsche Klosteranlage aus der Übergangszeit der Romanik zur Gotik. Die Anlage spiegelt in ihrer architektonischen Konzeption unter Verzicht auf Prunk und Luxus die zisterziensischen Reformbestrebungen des 12. Jahrhunderts wider.

Und in **Schöntal** an der Jagst steht das 1157 gegründete Kloster, dessen barocke Kirche von einer schön gestalteten und von zwei Türmen flankierten Fassade beherrscht wird. Im Kreuzgang findet man den Grabstein des 1562 verstorbenen Ritters Götz von Berlichingen.

Wein-Tipps aus Württemberg

Information

- ***Weinwerbezentrale Württembergischer Weingärtnergenossenschaften e.G.,*** *71696 Möglingen, Raiffeisenstraße 6, Tel. (07141) 24 46 - 0, Fax (07141) 24 46 20, E-Mail: info@wwg.de, www.wwg.de*

Winzer

- ***Weingut Graf Adelmann *,*** *71711 Kleinbottwar, Burg Schaubeck, GV, Tel. (07148) 66 65, www.graf-adelmann.com*
- ***Weingut Gerhard Aldinger *,*** *70734 Fellbach, Schmerstraße 25, GV, Tel. (0711) 58 14 17, www.weingut-aldinger.de*
- ***Weingut Drautz-Able *,*** *74076 Heilbronn, Feißtstraße 23, GV, Tel. (07131) 17 79 08, www.wein.com*
- ***Weingut Jürgen Ellwanger *,*** *73650 Winterbach, Bachstraße 21, GV, Tel. (07181) 4 45 25*
- ***Weingut Karl Haidle *,*** *71394 Kernen-Stetten im Remstal, Hindenburgstraße 21, GV, Tel. (07151) 94 91 10*
- ***Weingut des Grafen Neipperg *,*** *74190 Schwaigern, Im Schloss, GV, Tel. (07138) 94 14 00, E-Mail: neipperg@t-online.de*
- ***Weingut Wöhrwag *,*** *70327 Untertürkheim, Grunbacher Straße 5, GV, Tel. (0711) 33 16 62, E-Mail: hans-peter.woehrwag@t-online.de*

Essen und Trinken

- ***Rosenau ***,*** *72072 Tübingen, Rosenau 15, Tel. (07071) 6 64 66*
- ***Waldhorn ***,*** *72074 Bebenhausen, Schönbuchstraße 49, Tel. (07071) 9 77 90*
- ***Basilikum **,*** *72074 Lustnau, Kreuzstraße 24, Tel. (07071) 8 75 49*
- ***Dicker Turm **,*** *73728 Esslingen, Auf der Burg, Tel. (0711) 35 50 35*
- ***Kelter *,*** *73733 Neckarhalde, Kelterstraße 104, Tel. (0711) 9 18 90 60*
- ***Weinstube Zur Kiste,*** *70182 Stuttgart, Kanalstraße 2, Tel. (0711) 24 40 02*

040wg Abb.: hb

◀ *Im September lockt das Weindorf in Heilbronn*

- ***Weinstube Kachelofen,*** *70173 Stuttgart, Eberhardstraße 10, Tel. (0711) 24 23 78*
- ***Fässle **,*** *70597 Degerloch, Löwenstraße 51, Tel. (0711) 76 01 00*
- ***Alte Sonne ***,*** *71634 Ludwigsburg, Bei der kath. Kirche 3, Tel. (07141) 92 52 31*
- ***Zum Schiller **,*** *74321 Bietigheim-Bissingen, Am Historischen Marktplatz 5, Tel. (07142) 9 93 00*
- ***Elefanten **,*** *74348 Lauffen, Bahnhofsstraße 12, Tel. (07133) 9 50 80*
- ***Ratskeller **,*** *74072 Heilbronn, Marktplatz 7, Tel. (07131) 8 46 28*
- ***Burghotel Götzenburg **,*** *74249 Jagsthausen, Schloßstraße 20, Tel. (07943) 22 22*

Weinfeste

- ***Willsbach (Ortsteil von Obersulm):*** *Weinfest rund um die Kelter Himmelfahrt und am darauffolgenden Wochenende*
- ***Heilbronn:*** *Weindorf am zweiten Wochenende im September*
- ***Stuttgart:*** *Weinfest am letzten Wochenende im August und ersten September-Wochenende*
- ***Fellbach:*** *Herbstfest am zweiten Wochenende im Oktober*

Weinanbaugebiete

▲ *Würzburg, Festung Marienberg*

Franken

Überblick

Das stark aufgesplitterte Weinbaugebiet Franken erstreckt sich zwischen Aschaffenburg und Haßfurt über die Südhänge des Maintals und seiner Nebenflüsse sowie an den westlichen Ausläufern des Steigerwaldes. **Klimatisch** ist das Gebiet – je weiter man sich nach Osten bewegt umso stärker – vom kontinentalen Klima beeinflusst, das die Sommer trocken und warm, die Winter kalt werden lässt. Spätfröste gibt es bis weit in den Mai hinein. Im Westen des Gebietes herrschen aber die Einflüsse des Seeklimas vor.

Das für den Frankenwein häufig benutzte Synonym **„Steinwein"** (aus der Rieslingrebe) rührt von der weltberühmten Lage „Stein" im Stadtgebiet von Würzburg her.

Frankenwein

Früher war der Frankenwein in der typischen Bocksbeutelflasche kaum außerhalb der Region zu finden. Denn wer wollte schon angesichts der „lieblichen Welle" der 50er bis 70er Jahre die trockenen Frankenweine trinken? Doch mit der „trockenen Welle" kamen auch Frankenweine außerhalb ihres Ursprungsgebietes wieder ins Gespräch.

Im Rahmen dieser Neubestimmung des Marktes nahmen es die fränkischen Winzer mit der Qualität besonders streng. Hier liegen die Mindest-Grade für die Reife der Traube überdurchschnittlich hoch. Es werden besondere Anforderungen an die Extraktwerte gestellt (Säuren, Mineralien, Aschen, sonstige Inhaltsstoffe). Und der Begriff „trocken" wird besonders strikt ausgelegt: **„Fränkisch trocken"** (im Volksmund auch „furztrocken") bedeutet nicht mehr als vier Gramm Restsüße pro Liter Wein. Dies lässt sich nur realisieren, wenn auch die Erntemenge den Erfordernissen entsprechend reduziert wird.

Unterschiedliche **Bodenverhältnisse** in einem geografisch so großen und zersplitterten Gebiet bringen auch unterschiedliche Geschmacksnuancen des Frankenweins hervor, die von leicht, spritzig und kernig über kräftig bis zum würzigen Charakter reichen – und eben überwiegend trocken sind. Hauptbodentypen sind in Unterfranken und im Mainviereck

Geschichte

Karl der Große schenkte im Jahr 777 der Abtei in Fulda einen Weinberg in Hammelburg. Die Urkunde darüber ist der erste schriftliche Beweis für den Weinbau in Franken. Im Mittelalter waren Stifte und Klöster die treibenden Kräfte für den Weinbau in Franken. Allen voran hatten die Würzburger Fürstbischöfe dafür gesorgt, dass die Rebflächen eine enorme Ausdehnung erreichten. Niedergang des Klosterlebens, Säkularisation und wirtschaftliche Schwierigkeiten schränkten den Weinbau wieder ein. Er konzentriert sich heute auf die wirklich geeigneten, klimatisch geschützten Flächen in Höhenlagen zwischen 150 und 250 Metern, im Steigerwald bis zu 400 Metern.

Buntsandstein, im Maindreieck Muschelkalk und am Steigerwald Keuperformationen.

Überwiegend wird **Weißwein** angebaut, allen voran Müller-Thurgau. An zweiter Stelle steht der hier traditionelle Silvaner. Danach folgen Bacchus, Kerner, Riesling. Rote Trauben haben ihren Flächenanteil inzwischen aber auf 10 % steigern können und konzentrieren sich im Raum Miltenberg.

Güte-Mengen-Gesetz

Eine erfahrungsgemäße Regel besagt, dass die Güte des Weins jenseits einer gewissen Grenze des Mengenertrags nachlässt. Diese Grenze kann aber nicht genau festgelegt werden, denn sie hängt von der Traubensorte, auch vom Standort, dem Pflege- und Entwicklungszustand des Weinbergs ab.

Unter den fränkischen Winzern dominiert der **Kleinbetrieb.** Daneben gibt es einige große Weingüter. Etwa die Hälfte des Ertrages wird über Genossenschaften vermarktet, die andere Hälfte wird direkt vertrieben oder geht über den Handel.

Das „Markenzeichen" der Frankenweine ist der **Bocksbeutel,** eine traditionelle bauchige Flasche, in die Qualitätsweine abgefüllt werden. Zur besseren Erkennbarkeit empfiehlt der Fränkische Weinbauverband seinen Winzern, für die unterschiedlichen Weinstile auch unterschiedliche Farben der Bocksbeutelflaschen zu verwenden:

- **Für den „jungen Typ":** frische, fruchtige Frankenweine des aktuellen Jahrgangs mit moderater Gesamtsäure und Füllungen bis 9 g/l Restsüße halbweiße/lichtgrüne Bocksbeutel (für Weißweine) und Weißglasbocksbeutel (für Rotling, Rosé und Weißherbst).

- **Für den „klassischen Typ":** rebsortentypische Qualitäts-, Kabinett- und Spätleseweine, bevorzugt aus Einzellagen mit Erzeugerhinweis, mit einem Gesamtalkohol von <100 g/l herbstlaubfarbene und flaschengrüne Bocksbeutel.

Der Bocksbeutel

042wg Abb.: ip

Den Bocksbeutel - eine unverwechselbare flachbäuchige Kugelflasche mit plattem Stehboden und kurzem Röhrenhals - umranken legendenhafte Histörchen. Der Ursprung dieser typisch fränkischen Weinflasche liegt im Dunkeln. Die älteste Flachkugelflasche, ein keltisches Tongefäß von 1400 v. Chr., wurde bei Wenigumstadt in der Nähe von Aschaffenburg gefunden. Ist diese Flasche der Ursprung des Bocksbeutels?
Auch um den Begriff streiten sich die Geister. Der derbe Genießer meint, die Form der Flasche entspräche dem Organ des Ziegenbocks, das den Bock zum Bock macht. Andererseits wird darauf verwiesen, dass der Begriff der Bocksbeutelflasche von „Bugs“, der Hose fränkischer Landsknechte abstamme, die sich die praktische flache Flasche als Proviantbehälter umhängten.
Eine erste annähernde Abbildung einer Bocksbeutelglasflasche gibt es auf einem Relief des Würzburger Juliusspitals vom Ende des 16. Jahrhunderts. Entscheidend war aber der im Jahre 1726 gefasste Beschluss des Würzburger Stadtrats, Steinweine des vorzüglichen Jahrgangs 1718 in gläserne Bocksbeutel von einem Mass (1,22 l) abzufüllen und mit einem städtischen Siegel zu versehen.
Jedenfalls haben die fränkischen Winzer mit aller Macht darum gekämpft, ihren Flaschentyp für sich beanspruchen zu können. Nach langen Rechtsstreitigkeiten gelang dies auch weitgehend. Der Bocksbeutel ist seit Ende der 80er Jahre des 20. Jh. Qualitäts- und Prädikatsweinen aus Franken und einiger abgegrenzter Regionen der EG vorbehalten - dazu zählt auch Tauberfranken, das über lange historische Bezüge zur Mainregion verfügt!

- **Für den „Premium-Typ“:** gehaltvolle, extraktreiche, lagerfähige, grundsätzlich Einzellagen entstammende Prädikatsweine mit einem Gesamtalkoholgehalt von mindestens 95 g/l olivgrüne, massongrüne, antikblaue oder schwarze Bocksbeutel.

Das Weinbaugebiet Franken wird in die drei **Bereiche Mainviereck, Maindreieck** und **Steigerwald** mit 23 Großlagen und über 200 Einzellagen unterteilt.

Sehenswürdigkeiten

Die Fahrt durch das fränkische Weinbaugebiet führt entlang des Mains. Der Bereich Mainviereck mit nur fünf Prozent der fränkischen Rebfläche beginnt bei **Aschaffenburg.** Das Schloss Johannisburg der Mainzer Bischöfe prägt die Silhouette dieser Stadt – es handelt sich um das erste in Deutschland errichtete Renaissance-Schloss. Daneben bietet Aschaffenburg die Stiftskirche mit spätromanischem Kreuzgang und Grünewald-Altar, das Pompejanum, eine vom bayerischen König Ludwig I. errichtete Nachbildung eines pompejanischen Hauses sowie südlich Schloss Schönbusch mit dem Park und seinen Pavillons.

Miltenberg in der südwestlichen Ecke des Maindreiecks bezaubert durch seinen von wunderschönen alten Fachwerkhäusern umgebenen, ansteigenden Marktplatz, der oben durch die Mildenburg begrenzt wird. In der Hauptstraße steht das „Haus zum Riesen“, eines der ältesten Gasthäuser am Main. Die ehemalige Amtskellerei ist ebenfalls ein alter Fachwerkbau. Zur Stadtbefestigung gehört das mittelalterliche Würzburger Tor.

Auch **Wertheim** in der südöstlichen Ecke des Maindreiecks verfügt über ein malerisches Stadtbild. Am Markt mit seinen alten Fachwerkhäusern steht die spätgotische Stadtpfarrkirche. Oberhalb der Einmündung der Tauber erhebt sich die Oberburg der Grafen von Wertheim mit erhaltenem Hauptgebäude und Burgkapelle. Gegen Ende des Mittelalters wurde die Anlage um die repräsentative Unterburg erweitert.

Prachtvoll ist die barocke fürstbischöfliche Residenzstadt **Würzburg.** Hier gründete der Heilige Bonifatius im Jahre 742 das Bistum Würzburg. Oberhalb der Alten Mainbrücke mit barocken Heiligenstatuen erhebt sich die mächtige Marienburg. In der barocken Residenz mit Kaisersaal, Hofkirche und Hofgarten schuf Tiepolo das Treppenhausfresko. Neben dem Dom aus dem 11. bis 13. Jahrhundert mit den von Riemenschneider bildhauerisch verzierten Gedenktafeln verfügt Würzburg über eine Vielzahl weiterer sehenswerter romanischer, gotischer und barocker Kirchen. Insbesondere sei hier das Käppele, die von Balthasar Neumann geschaffene Wallfahrtskirche St. Maria auf dem Nikolausberg erwähnt. Sehenswert sind auch das Rathaus, das Bürgerspital, das Haus zum Falken und nicht zuletzt der alte Kran am Main.

Etwas flussabwärts steht in **Veitshöchheim** die Sommerresidenz der Würzburger Fürstbischöfe. Der Bau verfügt über eine großartige Parkanlage.

Mainaufwärts reihen sich die Weinorte mit ihren Fachwerkbauten, schönen Marktplätzen und Burgen wie Perlen aneinander: **Eibelstadt** mit barockem Rathaus, **Sommerhausen** mit Torturmtheater, **Ochsenfurth** mit dem Uhrtürmchen am Rathaus und den Arbeiten von Riemenschneider in der gotischen Pfarrkirche, **Kitzingen** mit dem Falterturm, dessen schiefes Dach das Wahrzeichen der Stadt ist, **Dettelbach** mit der 36-türmigen Stadtbefestigung und der Wallfahrtskirche Maria im Sand sowie **Volkach** mit der nahe gelegenen Wallfahrts-

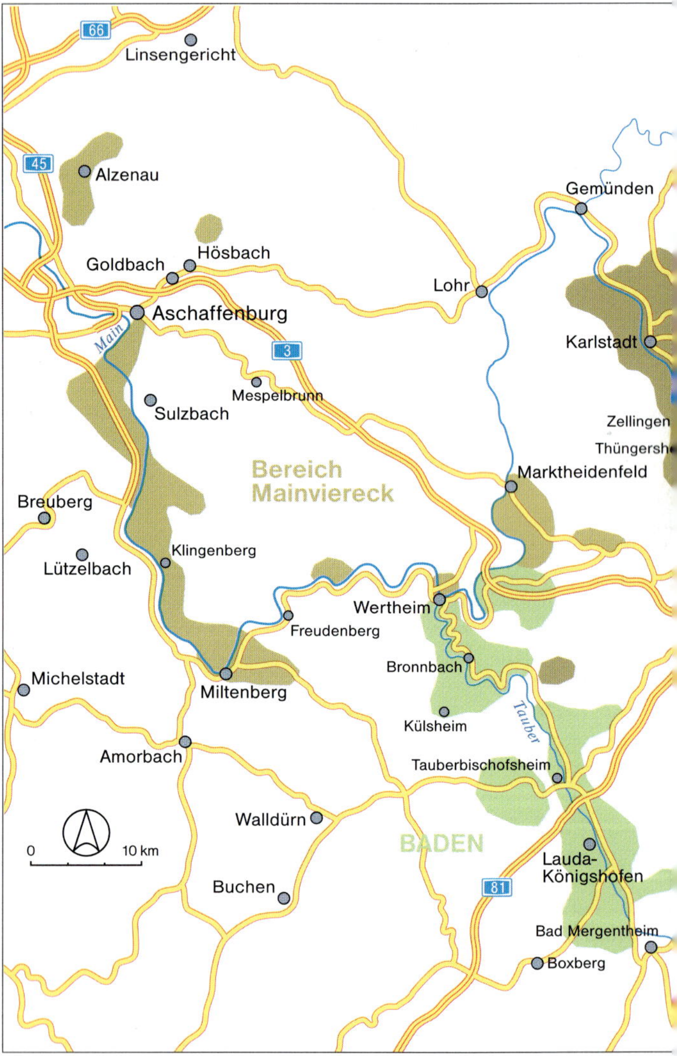
66
Linsengericht
45
Alzenau
Gemünden
Hösbach
Goldbach
Lohr
Aschaffenburg
Main
3
Karlstadt
Mespelbrunn
Sulzbach
Zellingen
Bereich
Mainviereck
Marktheidenfeld
Breuberg
Klingenberg
Lützelbach
Wertheim
Freudenberg
Bronnbach
Michelstadt
Miltenberg
Külsheim
Tauber
Amorbach
Tauberbischofsheim
Walldürn
0
10 km
BADEN
Lauda-
Königshofen
81
Buchen
Bad Mergentheim
Boxberg

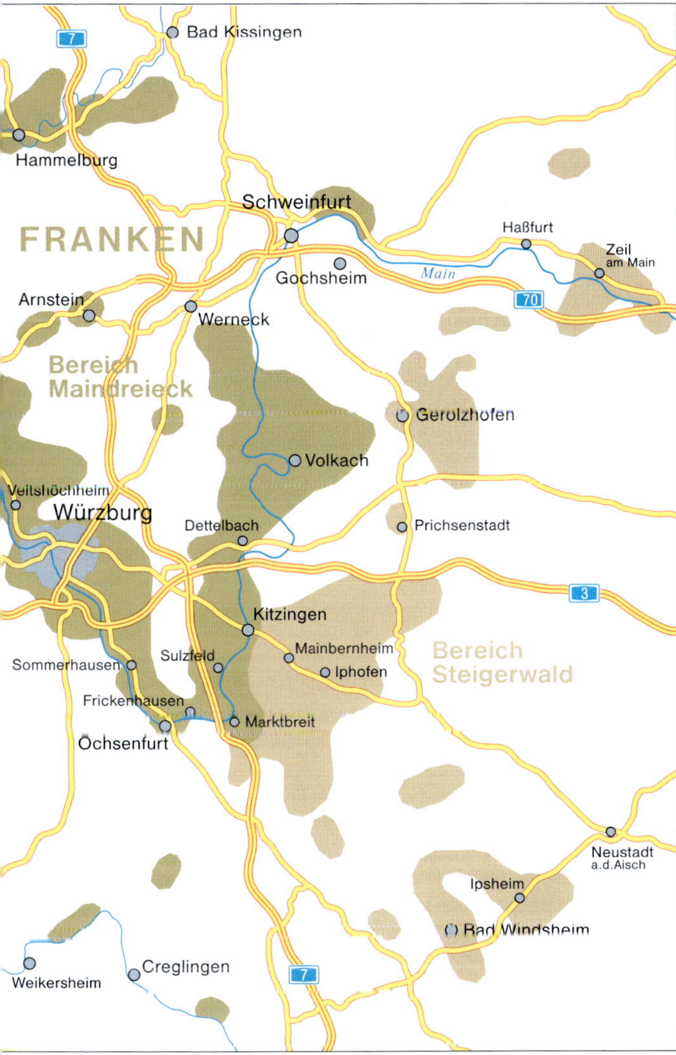
813wg
Bad Kissingen
7
Hammelburg
Schweinfurt
FRANKEN
Haßfurt
Zeil
am Main
Gochsheim
Main
70
Arnstein
Werneck
Bereich
Maindreieck
Gerolzhofen
Volkach
Veitshöchheim
Würzburg
Dettelbach
Prichsenstadt
3
Kitzingen
Mainbernheim
Iphofen
Bereich
Steigerwald
Sommerhausen
Sulzfeld
Frickenhausen
Marktbreit
Ochsenfurt
Neustadt
a.d.Aisch
Ipsheim
Bad Windsheim
Creglingen
Weikersheim
7

kirche Maria im Weingarten mit Riemenschneiders Madonna im Rosenkranz.

Im nördlichen Teil des Maindreiecks nimmt die Anzahl der Weinfelder immer weiter ab. Sehenswert sind malerische Landstädtchen mit erhaltenen Befestigungen und schönen Ortsbildern wie **Gerolzhofen, Prichsenstadt** oder **Zell am Main.**

Reizvoll im Bereich Steigerwald sind die Städte **Castell** mit dem Schloss der Fürsten Castell-Castell und ihrer Schlosskirche. **Iphofen,** dessen Stadtbefestigung drei Torburgen aufweist, von denen das berühmteste das Rödelsseer Tor ist, sowie die Altfränkische Kleinstadt **Bad Windsheim** mit barockem Rathaus, der barocken Stadtkirche auf romanischen Fundamenten sowie dem Fränkischen Freilichtmuseum.

Wein-Tipps aus Franken

Information

● ***Frankenwein – Frankenland GmbH,*** *97070 Würzburg, Haus des Frankenweins, Kranenkai 1, Tel. (0931) 3 90 11-0, Fax (0931) 3 90 11-55, E-Mail: weinbauverband.franken@t-online.de, www.weinland-franken.de*

Winzer

● ***Weingut Rudolf Fürst **,*** *63927 Bürgstadt, Hohenlindenweg 46, GV, Tel. (09371) 86 42, E-Mail: weingut.rudolf.fuerst@ t-online.de*

● ***Weingut Horst Sauer **,*** *97332 Escherndorf, Bocksbeutelstraße 14, GV, Gästezimmer, Tel. (09381) 43 64*

● ***Weingut Bürgerspital zum Heiligen Geist *,*** *97070 Würzburg, Theaterstraße 19, Ladenverkauf, GAsch, Tel. (0931) 3 50 34 41, www.buergerspital.de*

● ***Fürstlich Castellsches Domänenamt *,*** *97335 Castell, Schlossplatz 5, GV, GAsch, Tel. (09325) 6 01 70, www.castell.de*

● ***Weingut Juliusspital *,*** *97070 Würzburg, Klinikstraße 1, GV, GAsch, Tel. (0931) 3 93 14 00, www.juliusspital.de*

- ***Weingut Johann Ruck *,*** *97346 Iphofen, Marktplatz 19, GV, Tel. (09323) 80 08 80, www.ruck-wein.de*
- ***Weingut Schmitt's Kinder *,*** *97236 Randersacker, Am Sonnenstuhl, GV, Tel. (0931) 7 05 91 97, www.schmitts-kinder.de*
- ***Weingut am Stein *,*** *97080 Würzburg, Mittlerer Steinbergweg 5, GV, Weinrestaurant „Knollstuben", Tel. (0931) 2 58 08, www.weingut-am-stein.de*
- ***Weingut Störrlein *,*** *97236 Randersacker, Schulstraße 14, GV, Tel. (0931) 70 82 81*
- ***Weingut Hans Wirsching *,*** *97346 Iphofen, Ludwigstraße 16, GV, Tel. (09323) 8 73 30, www.wirsching.de*

Essen und Trinken

- ***Zum Goldenen Ochsen *,*** *63739 Achaffenburg, Karlsstraße 16, Tel. (06021) 2 31 32*
- ***Hofgut Fasanerie *,*** *63739 Aschaffenburg, Bismarckallee 1, Tel. (06021) 3 17 30*
- ***Zum Alten Rentamt **,*** *63911 Klingenberg a. Main, Hauptstraße 25a, Tel. (09372) 26 50*
- ***Altes Bannhaus **,*** *63897 Miltenberg, Hauptstraße 211, Tel. (09371) 30 61*
- ***Weinhaus Stern **,*** *09371 Bürgstadt, Hauptstraße 23, Tel. (09371) 4 03 50*
- ***Schweizer Stuben ***,*** *97877 Bettingen bei Wertheim, Geiselbrunnweg 1, Tel. (09342) 3 70*
- ***Ratskeller *,*** *97209 Veitshöchheim, Erwin-Vorberger-Platz, Tel. (0931) 98 09 40*
- ***Weinhaus Zum Stachel *,*** *97070 Würzburg, Gressengasse 1, Tel. (0931) 5 27 70*
- ***Gasthof Schiff *,*** *97286 Wintershausen, Fährweg 14, Tel. (09333) 17 85*
- ***Restaurant Philipp **,*** *97286 Sommershausen, Hauptstraße 12, Tel. (09333) 14 06*
- ***Deutscher Hof *,*** *09323 Iphofen, Ludwigstraße 10, Tel. (09323) 33 48*

Wein- und Weinkulturfeste

- ***Barockfest in Würzburg:*** *Klassische Musik aus der Erbauungszeit der Residenz im Frühjahr im Kaisersaal, anschließend Frühlingsmenue mit fränkischen Spitzenweinen, dargeboten von der fränkischen Weinkönigin*
- ***Nordheim/Main:*** *Christi Himmelfahrt*
- ***Schlosspark:*** *Castell, letzte beiden Wochenenden im Juli*
- ***Escherndorf:*** *An allen Wochenenden im September und im Oktober*

Saale-Unstrut und Sachsen

Überblick

Mit der Wiedervereinigung Deutschlands wurden die für alle Deutschen zugänglichen Weinbaugebiete um die an Saale und Unstrut sowie die an der Elbe gelegenen bereichert. Es handelt sich dabei um zwei kleinere, bei dem sächsischen sogar um das kleinste deutsche Gebiet. Im Übrigen sind es auch die nördlichsten Anbaugebiete der Bundesrepublik.

Die ostdeutschen Weinberge erstrecken sich an der Saale von Jena-Zwätzen über Dornburg, Kaatschen, Bad Kösen, Naumburg, Gosen bis Burgwerbern, an der Unstrut von Nebra über Steigra, Karsdorf, Dorndorf, Freyburg bis Großjena an der Mündung in die Saale. Dazu kommen Rebflächen an der Ilm von Bad Sulza bis Großheringen und an der Salza vom Süßen See bis über Höhnstedt bis Langenbogen. In Sachsen ziehen sich die Weinhänge

▲ *Belvedere in Radebeul*

Geschichte

Der ostdeutsche Weinbau folgte der mittelalterlichen Ausdehnung des Christentums nach Osten und erreichte zwischen dem 10. und 11. Jahrhundert große Teile Thüringens. Im heutigen Anbaugebiet Saale-Unstrut ist der erste urkundliche Beleg über die Existenz von Weinbergen auf das Jahr 998 datiert, aus einer Schenkung Kaiser Otto III. an das Kloster Memleben. Mit Beginn des 12. Jahrhunderts war das Kloster Kösen entscheidend an der Ausbreitung des Weinbaus beteiligt. Der im Jahre 1154 in der Nähe von Bad Kösen angelegte „Pfortenser Köppelberg" ist hier der älteste, noch bewirtschaftete Weinberg.
In Sachsen begann die Entwicklung des Weinbaus später. Die erste urkundliche Erwähnung datiert auf das Jahr 1161. Sowohl an Saale und Unstrut wie auch in Sachsen breitete sich der Weinbau im weiteren Verlauf des Mittelalters rasch aus und entwickelte sich zu einem wichtigen Wirtschaftsfaktor. Die Anbaufläche erreichte einen Umfang von über 15.000 Hektar. Heute sind es an die 500 Hektar!
Mit der Säkularisierung gingen auch im heutigen Ostdeutschland die klösterlichen Weinberge in adeligen und bürgerlichen Besitz über. Im Jahre 1799 wurde in Meißen die Sächsische Weinbaugesellschaft gegründet, die im Jahre 1811 die erste europäische Winzerschule ins Leben gerufen hat. Trotz aller Bemühungen um den Weinbau an Saale, Unstrut und Elbe kam er hier dann mit dem Auftreten der Reblaus fast zum Erliegen.
Nach dem Zweiten Weltkrieg wurden die Reste des ostdeutschen Weinbaus in die Planwirtschaft der DDR integriert. Mit der Wende kam auch die Reprivatisierung der ostdeutschen Weinberge. Diesen Neuanfang nutzten die neuen deutschen Rebflächenbesitzer, um ihre Weine auf qualitativ hohem Niveau im Markt zu platzieren.

von Pillnitz, südlich von Dresden, etwa 50 Kilometer flussabwärts an der Elbe bis Seußlitz entlang. Dazu kommen kleinere Parzellen bei Wittenberg und Ostritz.

Insgesamt sind etwa 40 Prozent der ostdeutschen Rebflächen terrassiert. Ganz typisch für die ostdeutsche Weinlandschaft sind vor allem in diesen Terrassengebieten die **Weinberghäuser,** die den Winzern zur Aufbewahrung ihrer Gerätschaften und oft auch zum Keltern dienen. Viele dieser teilweise sogar zweistöckigen Häuser stammen noch aus der so genannten Zeit der „Halbberge", als der Winzer die Hälfte seines Ertrages an den Weinbergbesitzer abliefern musste.

Wein von Saale, Unstrut und Elbe

Die **Böden** an Saale und Unstrut bestehen vorwiegend aus Muschelkalk, daneben kommen Mergel, Tonschiefer und Verwitterungsböden aus Buntsandstein vor. An der Elbe bestehen die Böden aus Löss, Kies, Lehm und Sand.

Die mittlere Jahrestemperatur ist in den ostdeutschen Weinbaugebieten mit über 9 °Celsius relativ hoch, an die 1600 Sonnenstunden pro Jahr erwärmen die Rebhänge. Die Niederschlagsmengen machen 500 bis 700 Millimeter jährlich aus. An diesen Daten wird der Einfluss des **kontinentalen Klimas** im Osten Deutschlands deutlich, der sich in gefährlichen Spätfrösten und gelegentlich extrem niedrigen Wintertemperaturen zeigt.

An Saale und Unstrut wird ein großer Teil der Ernte über die Winzervereinigung Freyburg und das Landesweingut Naumburg vermarktet, in Sachsen über die Sächsische Winzergenossenschaft Meißen sowie das Landesweingut Radebeul. Es gibt aber auch eine Reihe privater, selbstvermarktender Weingüter in Ostdeutschland.

Das Weinbaugebiet Saale-Unstrut ist in die drei **Bereiche Schloss Neuenburg** (Flächen an Saale, Unstrut und Ilm), **Kelterberg** (am Süßen See) sowie **Thüringen** (Großheringen, Bad Sulza) unterteilt. Dazu kommt die **Lage „Wachtelberg"** in Werder an der Havel – dem einzigen Wein aus Brandenburg. In Sachsen gibt es die beiden **Bereiche Dresden** und **Meißen.**

Sehenswertes an Saale und Unstrut

Hauptort des Gebietes ist die alte Bischofsstadt **Naumburg** kurz unterhalb der Mündung der Unstrut in die Saale. Im Westchor des Doms St. Peter und Paul stehen die weltberühmten Stifterfiguren, um 1250 vom „Naumburger Meister" geschaffen, dem man auch die monumentalen Steinskulpturen am Meißener Dom verdankt. Neben dem Dom weist Naumburg eine Reihe weiterer sehenswürdiger Kirchen auf. Das Rathaus an der Westseite des Marktes stammt aus der Zeit der Spätgotik. Einzig das Marientor ist als spätgotische Torburg von der Stadtbefestigung erhalten.

Saaleaufwärts gelangt man zunächst zur ehemaligen Zisterzienserabtei **Schulpforta** mit ihrer auf romanischen Grundmauern errichteten, dreischiffigen gotischen Basilika und dann nach **Bad Kösen,** wo noch ein romanisches Haus aus dem 12. Jahrhundert steht, in dem heute ein Museum untergebracht ist. Oberhalb von Bad Kösen stehen sich über dem Tal der Saale die **Rudelsburg** und **Burg**

Saaleck gegenüber. Ihre romantische Silhouette beflügelte den Dichter Franz Kugler zu den allbekannten Zeilen: „An der Saale hellem Strande stehen Burgen stolz und kühn ..."

Begibt man sich von Naumburg die Unstrut aufwärts, kommt man zunächst an den Kalksteinwänden des Steinauerschen Weinbergs bei **Großjena** vorbei. Dort ist das „Steinerne Bilderbuch" eingehauen, das überlebensgroße Relief zeigt Szenen aus der Bibel, der Jagd und dem Weinbau.

Ausflugs-Tipp zum nördlichsten Weingut der Welt

In Werder an der Havel im Bundesland Brandenburg hat der Weinbau Tradition. Vor fast 700 Jahren brachten ihn Zisterziensermönche hierher. „Werderaner Wachtelberg" heißt die Lage auf 52°23' nördlicher Breite, wo der Obst- und Weinbauer Dr. M. Lindicke trockene Müller-Thurgau-Weine, Dornfelder und Regent anbietet: 14542 Werder (Havel), Kölner Straße 16, Tel. (03327) 4 46 70, www.wachtelberg.de

Dann erreicht man **Freyburg** mit der Rotkäppchen-Kellerei. Die Marienkirche verfügt über eine bemerkenswerte Ausstattung aus spätgotischem Schnitzaltar, Taufstein und romanischem Tympanon. Oberhalb befindet sich das Schloss Neuenburg mit der beachtenswerten romanischen Doppelkapelle.

Folgt man von Naumburg der Saale abwärts, gelangt man zur **Burgruine Schönberg,** die 1466 geschleift wurde, weil sich Raubritter in ihr eingenistet hatten.

Danach folgt **Weißenfels** mit Schloss Neu-Augustusburg des Herzogs von Sachsen-Weißenfels mit der überreich mit Stuckaturen ausgestatteten Schlosskapelle. Im Schloss ist ein Schuhmuseum und eine Dokumentation über den Weißenfelser Dichter und Denker Novalis untergebracht. Am Markt steht das barocke Rathaus kontrastreich neben der spätgotischen Marienkirche. Im ehemaligen „Geleithaus" von 1522 ist das Obduktionszimmer des Schwedenkönigs Gustav Adolf, der hier nach seinem Tod in der Schlacht vom nahegelegenen Lützen aufgebahrt wurde.

Sehenswertes an der Elbe

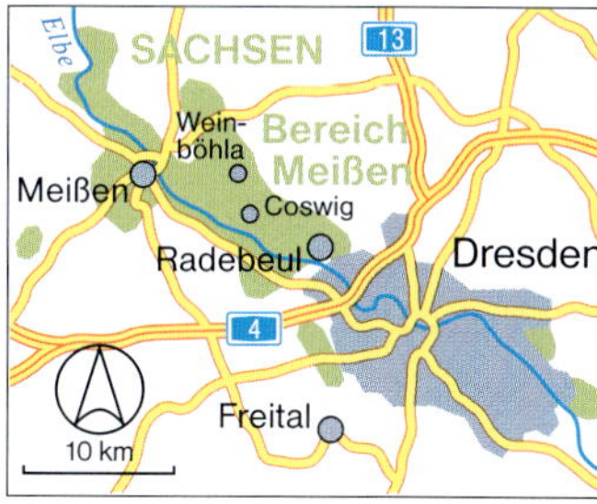

815wg

Unterhalb des Elbsandsteingebirges öffnet sich das Elbtal. Um **Pillnitz** beginnt der Weinbau. Die von Daniel Pöppelmann geschaffene Schlossanlage am rechten Elbufer besteht aus dem Wasser- und dem Bergpalais. Nordöstlich der Schlossanlage steht die barocke Weinbergkirche, ebenfalls von Pöppelmann entworfen.

Der noch oberhalb Dresdens gelegene Vorort **Loschwitz** wird durch eine Ende des 19. Jahrhunderts errichtete Stahlhängebrücke mit der Blasewitzer Elbseite verbunden. Der Volksmund nennt sie „Blaues Wunder“. In Loschwitz gibt es drei Schlösser und das Schillerhaus. Der Dichter wohnte hier Ende des 18. Jahrhunderts beim Schriftsteller Christian Gottfried Körner.

Dresden wird auch das „Elb-Florenz“ genannt, obwohl die Stadt nach der fürchterlichen Bombennacht im Februar 1945 in Schutt und Asche lag. Seit der Wende wird wieder nachhaltig an der Restaurierung der weltberühmten barocken Baulichkeiten gearbeitet. Und so entsteht die Frauenkirche in neuem Glanz. Vielzählig sind die Dresdener Sehenswürdigkeiten: Zwinger mit Porzellansammlung und Gemäldegalerie alter Meister, Semperoper, ehemalige Katholische Hofkirche, Albertinum mit Gemäldegalerie neuer Meister und dem Grünen Gewölbe mit der Pretiosensammlung, Reiterstandbild August des Starken und vieles andere mehr.

Weiter elbabwärts ist **Radebeul** der nächste Ort nach Dresden. Interessant sind die Weinberghäuser aus dem 17. und 18. Jahrhundert im Ortsteil Niederlößnitz. Im barocken Schloss Wackerbarth ist das Sächsische Staatsweingut untergebracht. Neben anderen Barockschlössern und barocken Herrenhäusern sei vor allem auf das vom Kurfürsten Johann Georg I. als Lustschlösschen errichtete Haus Hoflößnitz im Ortsteil Oberlößnitz verwiesen – hier hat Weinbau Tradition. Im Weingut Hoflößnitz ist übrigens auch ein Weinmuseum eingerichtet (Öffnungszeiten: Di–Fr 14–18 Uhr, Sa + So 10–18 Uhr, Gutsverkauf, Gutsausschank, Tel. (0351) 8 30 13 22, www.weinmuseum.de). Aber Radebeul ist nicht nur durch seine Schlösser und seinen Wein bekannt. Hier lebte ab 1896 bis zu seinem Tod der Schriftsteller Karl May, dessen Villa „Shatterhand" besichtigt werden kann.

Der nördliche Teil des sächsischen Weinbaugebietes wird von der Silhouette des Burgbergs von **Meißen** mit der Albrechtsburg und dem Dom überragt. Unter den Stadtkirchen ist vor allem die Kirche des ehemaligen Augustinerchorherrenstiftes St. Afra zu erwähnen. Zu den wichtigen Profanbauten der Stadt zählen das dreigeschossige spätgotische Bischofsschloss, das Kornhaus als Marstall, Gäste- und Vorratshaus der Albrechtsburg und nicht zuletzt das spätgotische Rathaus. Doch weltberühmt ist Meißen durch seine Porzellanmanufaktur, die 1710 auf der Albrechtsburg begründet wurde.

Wein-Tipps von Saale-Unstrut und Sachsen

Information

- ***Gebietsweinwerbung Saale-Unstrut,*** *06632 Freyburg, Querfurter Straße 10, Tel. (034464) 2 61 10, Fax (034464) 2 94 16, E-Mail: weinbauverband.saale-unstrut@t-online, www.natuerlich-saale-unstrut.de*
- ***Weinbauverband Sachsen,*** *01662 Meißen, Niederauer Straße 26-28, Tel. (03521) 76 35 30, Fax (03521) 76 35 40, E-Mail: weinbauverband@t-online.de, Internet: www.weinbauverband-sachsen.de*

Winzer

- ***Weingut Klaus Böhme*** *(Saale-Unstrut), 06636 Kirschscheidungen, Lindenstraße 42, GV nach Vereinbarung, Tel. (034462) 2 03 95, E-Mail: weingut.boehme@t-online.d*
- ***Winzerhof Gussek*** *(Saale-Unstrut), 06618 Naumburg, Kösener Straße 66, GV nach Verinbarung, Tel. (03345) 77 84 28*
- ***Weingut Lützkendorf*** *(Saale-Unstrut), 06628 Bad Kösen, Saalberge 31, GV, Straußwirtschaft, Tel. (034463) 6 10 00, E-Mail: weingut.luetzkendorf@t-online.de*
- ***Landesweingut Kloster Pforta*** *(Saale-Unstrut), 06628 Bad Kösen, Saalhäuser, Tel. (034463) 30 00*
- ***Weingut Vinzenz Richter*** *(Sachsen), 01662 Meißen, Dresdener Straße 147, GV, Tel. (03521) 73 16 06, www.vinzenz-richter.de*
- ***Weingut Schloss Proschwitz*** *(Sachsen), 01665 Zadel über Meißen, Dorfanger 19, GV, GAsch, Tel. (03521) 7 67 60, www.schloss-proschwitz.de*
- ***Weingut Klaus Zimmerling*** *(Sachsen), 01326 Dresden-Pillnitz, Bergweg 27, GV nach Vereinbarung, Tel. (0351) 2 61 87 52*
- ***Sächsisches Staatsweingut Schloss Wackerbarth*** *(Sachsen), 01445 Radebeul, Tel. (0351) 72 27 28*

Essen und Trinken

- ***Galerierestaurant **** *im Pirna'schen Hof (mit ständig wechselnden Kunstausstellungen), 01796 Pirna, Am Markt 4, Tel (03501) 4 43 80*
- ***Schloss Restaurant ****** *im Schloss Eckberg, 01099 Dresden-Loschwitz, Bautzner Straße 134, Tel. (0351) 8 09 90*
- ***Villa Marie *,*** *01309 Dresden-Blasewitz, Fährgäßchen 1, Tel. (0351) 3 11 11*
- ***Am Glacis mit Bistro-Vinothek **,*** *01099 Dresden, Glacisstraße 8, Tel. (0351) 8 03 60 33*
- ***Ars Vivendi *,*** *01127 Dresden, Bürgerstraße 14, Tel. (0351) 8 40 09 69*
- ***Landhotel Lindenau **,*** *01445 Radebeul, Nizzastraße 55, Tel. (0351) 83 92 30*
- ***Weinstube Bauernhäusl,*** *01662 Meißen-Oberspaar, Oberspaarer Straße 20, Tel. (03521) 73 33 17*

Weinfeste

- ***Winzerfest Freyburg*** *mit Weindorf, zweites Wochenende im September*
- ***Bad Kösen:*** *Weinfest im Landesweingut Naumburg am zweiten Wochenende im Mai*
- ***Großjena:*** *Weinblütenfest am zweiten Wochenende im Juni*
- ***Tag des offenen Weingutes Sachsen,*** *letztes August-Wochenende*

▶ *Strauß-wirtschaft in Bodenheim am Mittelrhein*

Anhang

Literaturhinweise

- **Der Feinschmecker Wein Gourmet,** Gräfe und Unzer Verlag, München, jeweils neuester Jahrgang. Renommierter Weinführer zu den besten deutschen Weingütern.
- Diel, Armin und Payne, Joe: **Gault Millau – WeineGuide Deutschland,** Heyne Verlag, München, jeweils neuester Jahrgang. Renommierter Weinführer zu den besten deutschen Weingütern
- Robinson, Jancis: **Reben – Trauben – Weine,** Hallwag Verlag, Bern und Stuttgart 1987. Alles Wissenswerte über Rebsortenverbreitung, grosse Weinlagen und die charakteristischen Eigenschaften der Rebsorten.
- Jefford, Andrew: **Wine Tastes - Wine Styles,** Verlag Ryland Peters & Small, London 2000. Titel der deutschen Ausgabe: „Wege zum Wein", Hallwag Verlag, Bern 2000.
- Simon, Joanna: **Der passende Wein zum Essen,** Komet Verlag, Frechen 1997. Das Buch beantwortet die Fragen zur faszinierenden Wechselwirkung von Speisen und Wein.
- Steurer, Rudolf: **Steurers Weinhandbuch,** Überreuther Verlag, Wien 1995. Empfehlenswerte Einführung in alle Aspekte der Weinerzeugung und des Weingenusses.
- Stublia, Belinda und Mölstad, Mikael: **Die Kleine Weinschule,** Südwest Verlag, München 2000. Schrittweise Einführung in das Weinwissen-Schrittweise Einführung in das Weinwissen.
- Worm, Nicolai: **Täglich Wein,** Hallwag Verlag, Bern und Stuttgart 1996. Gut geschriebene Einführung in die Ernährungs-physiologie und Ernährungsmedizin des Weins

Wissenswertes aus dem Internet

Einen Einblick in alles Wissenswerte über deutschen Wein bietet das Deutsche Weininstitut, die Absatzförderungsorganisation für deutsche Weine mit seiner Internetadresse: **www. deutscheweine.de**
Die E-Mail-Adresse des Deutschen Weininstitutres lautet: sb@dwi-dwf.de.

Die Internet-Adressen der regionalen Weinorganisationen und der genannten Winzer sind – sofern vorhanden – an der jeweiligen Stelle mit aufgeführt.

Weitere Adressen:

- **www.wein.de** – Hier gibt die Deutsche Landwirtschafts-Gesellschaft Auskunft über die von ihr vergebenen Weinsiegel (s. „Weinqualität")
- **www.dlg.org/wein** – Hier gibt die Deutsche Landwirtschafts-Gesellschaft Auskunft über die Ergebnisse der jährlichen Bundesweinprämierung (wegen der hohen Qualitätsanforderungen gelangen jährlich nur ca. 4500 Weine und 500 Sekte zu dieser Prüfung)
- **www.quarks&co.de/wein** – Ein Weinführer - gut gemachte Übersicht über Wein (WDR-Fernsehen)
- **www.encarta.msn.de/Wein** – Kurze Einführung in das Weinwissen
- **www.dwv-online.de** – Interessant vor allem die Geschichte der deutschen Winzerorganisation
- **www.vdw-weinexport.de** – Information des Verbandes Deutscher Weinexporteure über die Exportsituation deutschen Weins
- **www.germanwine.de** – Weinangebot von 40 deutschen Winzern, Kellereien und Genossenschaften mit nützlichen Zusatzinformationen über alle Aspekte des Weingenusses.

Praxis – die neuen handlichen Ratgeber

Wer seine Freizeit aktiv verbringt und moderne Abenteuer sucht, braucht spezielles Wissen, das in keiner Schule gelehrt wird. REISE KNOW-HOW beantwortet die vielen Fragen rund um Freizeit, Urlaub und Reisen in der Ratgeberreihe: „Praxis“.

All inclusive?
ISBN 3-89416-767-X

Essbare Früchte Asiens
ISBN 3-89416-771-8

Fliegen ohne Angst
ISBN 3-89416-754-8

Hinduismus erleben
ISBN 3-89416-773-4

Internet für die Reise
ISBN 3-8317-1010-4

Reisefotografie
ISBN 3-89416-772-6

Reisen und Schreiben
ISBN 3-89416-763-7

Richtig Kartenlesen
ISBN 3-89416-753-x

Schutz vor Gewalt und Kriminalität unterwegs
ISBN 3-89416-756-4

Sonne, Wind und Reisewetter
ISBN 3-89416-769-6

Tauchen in warmen Gewässern
ISBN 3-89416-760-2

Jeder Titel:
144-160 Seiten, robuste Fadenheftung,
Taschenformat 10,5 x 17 cm,
Register und Griffmarken
Weitere Titel siehe Seite 182.

Reise Know-How

Mallorca
Mallorca, Reif für
Mallorca,
Wandern auf
Malta
Marokko
Mecklenburg/
Brandenburg:
Wasserwandern
Mecklenburg-
Vorpommern:
Binnenland
Mexiko
Mongolei
Motorradreisen
München
Myanmar

Namibia
Nepal
Neuseeland
BikeBuch
New Orleans
New York City
Norderney
Nordfriesische
Inseln
Nordseeküste
Niedersachsens
Nordseeküste
Schleswig-Holstein
Nordseeinseln,
Deutsche
Nordspanien
Nordtirol
Normandie

Oman
Ostfriesische
Inseln
Ostseeküste
Mecklenburg-
Vorpommerns
Ostseeküste
Schleswig-
Holstein
Outdoor-Praxis

Panama
Panamericana,
Rad-Abenteuer
Paris
Peru, Bolivien
Phuket
Polens Norden
Prag
Provence
Pyrenäen

Qatar

Rajasthan
Rhodos
Rom
Rügen und Hiddensee

Sachsische Schweiz
Salzburger Land
San Francisco
Sansibar
Sardinien
Schottland
Schwarzwald
– Norden
Schwarzwald
– Süden
Schweiz, Liechtenstein
Simbabwe
Singapur
Sizilien
Skandinavien
– Norden
Slowenien, Triest
Spiekeroog
Sporaden,
Nördliche
Sri Lanka
St. Lucia,
St. Vincent,
Grenada
Südafrika
Südnorwegen,
Lofoten
Sylt
Syrien

Taiwan
Tansania, Sansibar
Teneriffa
Thailand
Thailand – Tauch-
und Strandführer
Thailands Süden
Thüringer Wald
Tokyo
Toscana
Trinidad und Tobago
Tschechien
Tunesien
Tunesiens Küste

Umbrien
USA/Canada
USA/Canada BikeBuch
USA, Gastschüler
USA, Nordosten
USA – der Westen
USA – der Süden
USA – Südwesten,
Natur u. Wandern
USA – Südwesten,
Kalifornien,
Baja California
Usedom

Venedig
Venezuela
Vereinigte Arab. Emirate
Vietnam

Welt im Sucher
Westafrika – Sahelländer
Westafrika – Küste
Wien
Wo es keinen Arzt gibt

Register

A

B

C

D

E

F

G

H

I

J

K

P

Q

R

S

T

U, V

W

Anhang

Z

Bildverzeichnis

Die Kürzel an den Abbildungen kennzeichnen die Bildquelle:

bm	*Verkehrsverein Bad Münster am Stein*
bo	*Gemeinde Bodenheim*
br	*Badischer Winzerkeller Breisach*
co	*Tourist-Info Cochem*
dd	*Deutsches Weininstitut, Foto: Dieth*
dk	*Deutsches Weininstitut, Foto: Kaemper*
gs	*Stadtverwaltung Radebeul, Foto: Gerd Schindler*
hb	*Heilbronn Marketing*
he	*Touristik-Information Oberkirch, Foto: Heinz Erhardt*
hm	*Historisches Museum der Pfalz, Speyer*
ho	*Hans Otzen (Autor)*
ip	*Tourist Information Iphofen, Foto: Barbara Wachter*
mb	*Weinwerbezentrale badischer Winzereigenossenschaften, Foto: Mühlbauer*
mm	*Mittelmosel Touristinformation*
ne	*Weinbauverband Hessische Bergstraße, Foto: Neher*
nw	*Tourist, Kongress und Saalbau GmbH, Neustadt a. d. Weinstraße*
rg	*Gesellschaft für Rheingauer Weinkultur*
rh	*Rheinhessenwein/DWI*
rw	*Gesellschaft für Rheingauer Weinkultur, Oschatz*
sm	*Stuttgart Marketing*
vk	*Verkehrsbüro Kröv*
wb	*Würzburg Congress & Tourismus Zentrale*

Ohne Kürzel: der Verlag
Umschlag vorn: Hans Otzen
Umschlag hinten: Gesellschaft für Rheingauer Weinkultur

Wir danken den genannten Personen und Institutionen für ihre freundliche Genehmigung und Unterstützung.

Über die Autoren

Barbara und Hans Otzen – Ihr gemeinsames Leben ist von Anfang an durch seine Reiselust mitgeprägt worden. Ihn hat es an den Amazonas, in die Anden und nach Ostafrika gezogen. Aus all diesen Reisen sind Reiseführer entstanden, die in renommierten Verlagen erschienen.

Inzwischen konzentrieren sich beider Interessen auf die europäischen Kulturen. Essen und Trinken spielt dabei nicht nur in den Reiseführern über Österreich, Frankreich und Deutschland eine wichtige Rolle, sondern fand auch Niederschlag in mehreren Kochbüchern. Auch beruflich war sein Arbeitsbereich immer auf das Essen und Trinken konzentriert. Lange Jahre hat er in leitender Position nationales und internationales Marketing für Nahrungsmittel und Getränke betrieben - zwangsläufig spielte dabei der Wein eine entscheidende Rolle.

Überhaupt heißt beider neues Reiseführer-Thema „Wein". Ebenfalls bei Reise Know-How erscheint ein Reiseführer über Burgund, bei dem sich der Wein wie ein roter Faden durch alle Kapitel zieht. Mit Elan und Freude stürzten sie sich nunmehr auf alle Aspekte rund um den deutschen Wein, der ihre ganze Aufmerksamkeit gefunden hat.